I0408547

Bitcoin

Para novatos

Tomás Moscardó

Copyright © 2023 TOMAS MOSCARDO

Todos los derechos reservados.

ISBN: 9798850920814

Dedicatoria

A mi familia, la fuerza que me impulsa a alcanzar mis sueños

A quién va dirigido este libro

Este libro va dirigido a aquellas personas que deseen adentrarse en el mundo de la criptomoneda más famosa y popular: el Bitcoin. Especialmente diseñado para quienes no tienen conocimientos previos sobre el tema, este libro busca explicar de manera clara y sencilla los conceptos básicos de la tecnología blockchain y del Bitcoin.

Si eres una persona que ha oído hablar sobre el Bitcoin, pero no sabes exactamente de qué se trata, este libro es para ti. También es adecuado para aquellos que tienen una comprensión básica de la criptomoneda, pero desean profundizar en su conocimiento. Además, cualquier persona interesada en invertir en Bitcoin o utilizarlo como forma de pago también encontrará información valiosa en estas páginas.

En este libro, encontrarás información sobre cómo funciona el Bitcoin, cómo se utiliza, cómo se almacena y cómo se asegura. También se explicarán los conceptos de minería, billeteras digitales, exchanges y billeteras frias de criptomonedas. Además, se abordarán temas relevantes como la regulación del Bitcoin, la seguridad en el uso de criptomonedas y las perspectivas futuras de esta tecnología.

Índice

Introducción

Bitcoin es la primera criptomoneda y como el resto de las criptomonedas fue creado como una forma de dinero digital encriptado, que se basa en la tecnología blockchain y ofrece seguridad, comodidad e inmediatez, entre otros beneficios. Para entender el potencial de blockchain y las criptomonedas, es importante hacer un recorrido por la historia del dinero, desde sus formas más primitivas hasta la actualidad.

La historia del dinero nos llevará a la figura de Satoshi Nakamoto, quien hace una década lanzó un documento que sentó las bases de la tecnología blockchain y su aplicación en el mundo financiero. La tecnología blockchain permite crear una red descentralizada que da más poder a las personas y cambia la forma en que se relacionan entre sí, incluyendo clientes, instituciones, comerciantes y gobiernos.

Embárcate en un viaje para conocer las bases del blockchain y todo lo que viene después, conocerás el potencial de las criptomonedas y el blockchain para transformar la forma en que se maneja el dinero y la economía en general, lo que podría tener importantes implicaciones en el futuro.

Breve historia del dinero

El dinero es una herramienta que ha sido utilizada por la humanidad desde hace miles de años para facilitar el intercambio de bienes y servicios. A lo largo de la historia, el dinero ha adoptado diversas formas y ha evolucionado para adaptarse a las necesidades y demandas de cada época.

En la antigüedad, el trueque era la forma más común de intercambio comercial. Los bienes se intercambiaban por otros bienes de valor similar, lo que requería una coincidencia entre las necesidades y deseos de los comerciantes. Con el tiempo, surgieron formas primitivas de moneda, como las conchas, los metales y los granos de cacao, que se utilizaban como medio de intercambio.

Una de las primeras formas de dinero reconocida como tal fue el dinero acuñado, que apareció en la antigua Grecia y Roma. Las monedas de metal se utilizaban como medio de intercambio y como unidad de cuenta, lo que facilitaba la realización de transacciones comerciales y el cálculo de los precios. Con la expansión del comercio y el surgimiento de los imperios, las monedas se convirtieron en una forma de propaganda y representación política.

En la Edad Media, se introdujeron nuevos tipos de moneda, como los billetes de papel y los cheques. Estos nuevos instrumentos financieros permitieron a los comerciantes realizar transacciones a larga distancia y reducir el riesgo de llevar grandes cantidades de monedas de oro y plata. También surgieron las primeras instituciones financieras, como los bancos, que facilitaban el intercambio y la gestión del dinero.

Durante la Revolución Industrial, el dinero se convirtió en una herramienta aún más importante para la economía mundial. La expansión del comercio y la producción en masa requirieron una mayor cantidad de dinero en circulación y surgieron nuevos medios de pago, como los cheques bancarios y los bonos. También se establecieron sistemas monetarios basados en patrones, como el patrón oro, que vinculaba el valor de la moneda a la cantidad de oro que tenía un país en sus reservas.

En el siglo XX, el dinero se volvió aún más abstracto y digital. La aparición de las tarjetas de crédito y las transferencias bancarias permitieron a las personas realizar transacciones sin necesidad de tener dinero en efectivo o monedas. Los sistemas de pago digital, como PayPal y Venmo, también han transformado la forma en que las personas intercambian dinero.

Hoy en día, la economía mundial se basa en el dinero fiduciario, es decir, el dinero que no está respaldado por un activo físico, como el oro. Los bancos centrales son los encargados de emitir y controlar el suministro de dinero fiduciario, que se utiliza como medio de intercambio y como unidad de cuenta en todo el mundo. La tecnología blockchain y las criptomonedas, como el Bitcoin, están cambiando la forma en que las personas piensan sobre el dinero y están ofreciendo alternativas a los sistemas monetarios tradicionales.

El dinero digital
Euro digital.

El Banco Central Europeo (BCE) ha estado explorando la posibilidad de lanzar un euro digital como complemento al efectivo. Este nuevo medio de pago electrónico sería emitido por el banco central y podría ser utilizado por cualquier persona en la zona euro, lo que ayudaría a preservar el papel del dinero emitido por el banco central como ancla monetaria del sistema de pagos. En este artículo, analizaremos los argumentos a favor de un euro digital, así como sus objetivos fundamentales y consideraciones de diseño.

La creciente adopción de los pagos digitales por parte de los ciudadanos hace necesario que se garantice su acceso al dinero del banco central, que es el pilar fundamental de la moneda. La disponibilidad y la conveniencia de la moneda pública para realizar compras en toda la zona del euro aumentaría la eficiencia de todo el sistema de pagos y reduciría el riesgo de comportamientos abusivos en el mercado si estuviera dominado por uno o varios proveedores privados.

La experiencia adquirida durante largo tiempo ha demostrado que un modelo de pagos híbrido ha sido útil para la sociedad: el banco central proporciona la base monetaria, es decir, depósitos para los bancos en el banco central y efectivo para las personas, mientras que el sector privado ha ofrecido a los clientes soluciones de pago basadas en dinero de banco comercial. Un elemento clave de este modelo híbrido es que los ciudadanos pueden convertir a la par dinero privado (de banco comercial) en público (del banco central) en cualquier momento y utilizar ese dinero del banco central para efectuar pagos. Esta convertibilidad garantizada crea y mantiene la confianza en el dinero, tanto público como privado, y protege la función de la moneda como única unidad de cuenta. En consecuencia, la moneda pública proporciona un ancla que mantiene el buen funcionamiento del sistema de pagos, a la vez que preserva la estabilidad financiera y la confianza en la moneda.

La aparición de otras monedas digitales de banco central (CBDC) en grandes economías y su uso a escala internacional podrían socavar el papel internacional del euro. Esto se debe a que las CBDC ofrecen ventajas en términos de eficiencia, escalabilidad, liquidez y un cambio digital disruptivo. La falta de un euro digital podría generar confusión sobre qué es y qué no es una moneda digital. Las BigTech podrían utilizar su amplia base de clientes para introducir stablecoins mundiales que podrían expandirse rápidamente, lo que podría acentuar el riesgo de que el mercado de pagos se vea dominado por soluciones y tecnologías no europeas.

Un euro digital complementario al efectivo podría ser beneficioso en varios aspectos. En primer lugar, garantizaría que los ciudadanos tengan acceso al dinero del banco central en un mundo digital, lo que es clave para fortalecer la autonomía estratégica de la zona del euro y la eficiencia de los pagos. Además, el euro digital preservaría el papel del dinero del banco central como fuerza estabilizadora del sistema de pagos, lo que ayudaría a mantener la confianza en el dinero público y privado. Finalmente, un euro digital ofrecería una alternativa segura y eficiente al efectivo para los pagos, lo que podría mejorar la eficiencia del sistema de pagos y reducir los riesgos asociados

Dólar digital

El dólar digital es una propuesta de una moneda digital respaldada por el gobierno de Estados Unidos, que se basa en la tecnología blockchain. La idea ha ganado atención en los últimos años debido al aumento en la adopción de criptomonedas y la necesidad de un sistema de pago más eficiente y seguro.

El dólar digital sería una versión electrónica del dólar estadounidense, respaldada por el gobierno y respaldada por reservas en dólares reales. La moneda digital permitiría a los consumidores realizar transacciones en línea de manera más eficiente y segura, sin tener que depender de intermediarios financieros tradicionales como bancos y procesadores de pagos.

Algunos defensores del dólar digital argumentan que podría ayudar a reducir la dependencia del sistema financiero estadounidense de otros países y fortalecer la posición global del dólar. También podría ayudar a combatir el fraude y la evasión fiscal, ya que todas las transacciones se registrarían en un libro de contabilidad digital y serían transparentes y rastreables.

Sin embargo, también hay preocupaciones sobre los posibles riesgos y desafíos asociados con la implementación del dólar digital. Algunos argumentan que podría socavar la privacidad financiera y ser utilizado para la vigilancia gubernamental. También podría crear riesgos sistémicos para el sistema financiero si no se implementa adecuadamente, y podría generar inestabilidad financiera si los consumidores pierden la confianza en la moneda digital.

Aunque el concepto del dólar digital ha ganado atención en los últimos años, aún no está claro si se implementará en el futuro cercano. El Banco de la Reserva Federal de Estados Unidos ha estado explorando la idea y ha realizado pruebas piloto, pero aún no ha tomado una decisión definitiva sobre si avanzará con la iniciativa.

Yuan digital

El Yuan digital es una forma de moneda digital emitida por el Banco Popular de China (PBOC), el banco central de China. También se le conoce como el yuan electrónico, la moneda digital china, y oficialmente como el e-RMB.

El objetivo del Yuan digital es modernizar el sistema financiero chino y mejorar la eficiencia y seguridad de las transacciones financieras en el país. La moneda digital es similar al dinero en efectivo tradicional, pero se almacena y se transfiere en formato electrónico a través de la tecnología blockchain.

La implementación del Yuan digital también permitiría al gobierno de China tener un mayor control sobre el flujo de dinero dentro del país, lo que podría ayudar a prevenir el lavado de dinero y la financiación del terrorismo. Además, el Yuan digital podría eventualmente ser utilizado para pagos transfronterizos, lo que podría reducir la dependencia del sistema financiero global dominado por el dólar estadounidense.

El lanzamiento del Yuan digital ha sido objeto de una prueba piloto en varias ciudades chinas, incluyendo Shenzhen, Suzhou, Xiong'an y Chengdu. Durante estas pruebas, se han emitido Yuanes digitales a través de aplicaciones móviles que permiten a los usuarios escanear códigos QR para realizar pagos. La moneda digital también se ha utilizado para pagos en tiendas, restaurantes y otros establecimientos.

El Banco Popular de China ha declarado que el Yuan digital es legalmente equivalente al dinero en efectivo y al dinero electrónico. Esto significa que los comerciantes y empresas están obligados a aceptar la moneda digital como forma de pago.

Principales medios de pago electrónico

PayPal fue uno de los pioneros en las formas de pago electrónico en línea. Fundada en 1998 como Confinity por Max Levchin, Peter Thiel y Luke Nosek, la compañía se enfocó inicialmente en desarrollar software de seguridad para dispositivos móviles. Pero en 1999, PayPal comenzó a ofrecer un servicio de pagos en línea que permitía a los usuarios enviar y recibir dinero a través de Internet.

Uno de los factores que hizo de PayPal un pionero en su campo fue su capacidad para procesar transacciones en tiempo real. Esto significaba que las personas podían enviar y recibir dinero de forma instantánea, lo que era un gran cambio con respecto a las formas de pago en línea existentes en ese momento, que a menudo requerían varios días para completar una transacción.

Además, PayPal ofrecía una forma segura y confiable de enviar dinero en línea, utilizando tecnologías de encriptación y medidas de seguridad para proteger la información financiera de los usuarios. Esto ayudó a construir la confianza en el sistema y a establecer a PayPal como una opción de pago en línea confiable y ampliamente adoptada.

En la actualidad, PayPal sigue siendo uno de los principales proveedores de servicios de pago en línea, con más de 360 millones de usuarios activos en todo el mundo y un amplio rango de opciones de pago, incluyendo transferencias bancarias, pagos con tarjeta de crédito y débito, y pagos a través de aplicaciones móviles.

Otros métodos de pago:

- Venmo: es una plataforma de pago propiedad de PayPal que permite a los usuarios enviar y recibir dinero a través de una aplicación móvil.
- Apple Pay: es un sistema de pago móvil desarrollado por Apple que permite a los usuarios realizar compras en tiendas físicas, en línea y en aplicaciones usando sus dispositivos Apple.
- Google Pay: es una plataforma de pago móvil de Google que permite a los usuarios pagar en tiendas físicas y en línea, así como enviar y recibir dinero a través de la aplicación.
- Stripe: es una plataforma de pago en línea que permite a los negocios procesar pagos con tarjeta de crédito y débito en su sitio web.
- Amazon Pay: es un sistema de pago en línea desarrollado por Amazon que permite a los usuarios pagar por bienes y servicios en línea utilizando sus cuentas de Amazon.

¿Sabías que existen tarjetas en criptomonedas?

En la actualidad, existen varias opciones de tarjetas de débito y crédito que permiten a los usuarios realizar pagos en criptomonedas. Estas tarjetas están diseñadas para facilitar el acceso a los fondos de criptomonedas, ya que los usuarios pueden utilizarlas para realizar pagos en tiendas en línea y físicas que acepten tarjetas de crédito y débito.

A continuación, se presentan algunas de las mejores tarjetas en criptomonedas:

- Binance Card: Binance es uno de los exchanges de criptomonedas más grandes y populares del mundo, y su tarjeta de débito permite a los usuarios gastar sus fondos de criptomonedas en cualquier lugar que acepte tarjetas Visa. La tarjeta tiene una tasa de emisión de $15 USD y no hay cargos por transacciones de compra, aunque hay cargos por retiros de efectivo en cajeros automáticos.
- Crypto.com Card: Crypto.com es otra plataforma de criptomonedas que ofrece tarjetas de débito y crédito que permiten a los usuarios gastar sus fondos en criptomonedas. La tarjeta tiene una tasa de emisión de $50 USD y ofrece una serie de recompensas por el uso de la tarjeta, como un reembolso del 1% en todas las compras y un 2% en compras de supermercado.
- Wirex Card: La tarjeta de Wirex permite a los usuarios gastar sus fondos en criptomonedas en cualquier lugar que acepte tarjetas de débito Visa. La tarjeta tiene una tasa de emisión de $17 USD y ofrece recompensas por el uso de la tarjeta, como un reembolso del 0,5% en todas las compras.
- BlockFi Card: La tarjeta de BlockFi es una tarjeta de crédito que permite a los usuarios ganar recompensas en criptomonedas por cada compra realizada con la tarjeta. La tarjeta tiene una tasa de emisión de $200 USD y ofrece una

serie de recompensas, como un reembolso del 1,5% en todas las compras.

Cada una de estas tarjetas tiene sus propias características y ventajas e inconvenientes. Algunas de las ventajas comunes de estas tarjetas incluyen:

- Facilidad de uso: Las tarjetas de criptomonedas son fáciles de usar y permiten a los usuarios gastar sus fondos en cualquier lugar que acepte tarjetas de crédito y débito.
- Diversidad de criptomonedas: Las tarjetas permiten a los usuarios gastar varias criptomonedas, lo que ofrece una mayor diversidad y flexibilidad.
- Recompensas por uso: Algunas de las tarjetas ofrecen recompensas por el uso de la tarjeta, como reembolsos en efectivo y descuentos en tiendas.

Las tarjetas de criptomonedas ofrecen muchas ventajas, pero también tienen algunas desventajas. Aquí hay algunas de las desventajas que debes tener en cuenta al usar tarjetas de criptomonedas:

- Comisiones: Muchas tarjetas de criptomonedas cobran comisiones por cargos, retiros, transferencias, cambio de divisas y más. Algunas tarjetas también tienen tarifas mensuales, lo que puede ser costoso si no se usa regularmente.
- Disponibilidad limitada: Las tarjetas de criptomonedas no están disponibles en todos los países, lo que puede ser un problema si necesitas usar la tarjeta para viajar o para transacciones internacionales. Además, algunas tarjetas pueden tener restricciones geográficas en cuanto a su uso, lo que puede limitar su utilidad.
- Volatilidad del mercado: Las criptomonedas son conocidas por su volatilidad en el mercado, lo que puede significar que

el valor de tu criptomoneda puede cambiar rápidamente. Esto puede ser un problema si planeas usar tu tarjeta de criptomonedas para compras a largo plazo, ya que puede ser difícil predecir cuánto valdrá tu criptomoneda en el futuro.

- Seguridad: Aunque las tarjetas de criptomonedas ofrecen un nivel de seguridad adicional al utilizar una capa de encriptación, todavía hay riesgos de seguridad asociados con el uso de criptomonedas. Por ejemplo, si alguien obtiene acceso a tu billetera de criptomonedas, pueden acceder a tus fondos.

- Problemas técnicos: Las tarjetas de criptomonedas pueden tener problemas técnicos, como tiempos de procesamiento lentos o problemas con el sistema de pago. Si te encuentras con algún problema técnico, puede ser difícil encontrar ayuda o soporte debido a la novedad de la tecnología y la falta de regulación en el mercado.

- Regulación: Las tarjetas de criptomonedas no están reguladas por las mismas leyes que las tarjetas de débito y crédito tradicionales, lo que puede presentar problemas en términos de protección al consumidor y disputas de cargos. Además, la falta de regulación también puede hacer que las tarjetas de criptomonedas sean más susceptibles a fraudes y esquemas ilegales.

¿Qué es el patrón oro?

El patrón oro fue un sistema monetario en el que el valor de una moneda estaba respaldado por una cantidad específica de oro. En otras palabras, la cantidad de dinero en circulación estaba limitada por la cantidad de oro que se tenía. El patrón oro fue un sistema monetario importante durante el siglo XIX y principios del siglo XX, aunque fue abandonado gradualmente a medida que los gobiernos necesitaban imprimir más dinero para financiar la Primera Guerra Mundial y otras emergencias económicas.

En 1944, los acuerdos de Bretton Woods establecieron un nuevo sistema monetario en el que el dólar estadounidense se convirtió en la moneda de reserva internacional y se respaldaba en oro. Los otros países fijaron sus tipos de cambio con respecto al dólar, y el dólar a su vez estaba respaldado por oro. Sin embargo, en 1971, el presidente de Estados Unidos, Richard Nixon, anunció que el dólar ya no se convertiría en oro, lo que marcó el fin del patrón oro en el sistema monetario internacional. A partir de entonces, el valor del dólar y de otras monedas se basa en la confianza en la estabilidad y solidez de la economía y el sistema financiero, en lugar de estar respaldado por una cantidad específica de oro u otro activo tangible.

El valor del dinero actual, como el dólar, el euro u otras divisas, se basa en la confianza que tienen los ciudadanos y los agentes económicos en la estabilidad de la economía y en la capacidad del gobierno y del banco central para controlar la inflación y mantener la estabilidad financiera. Aunque el dinero fiduciario no tiene un valor intrínseco, su aceptación y su valor se basan en la confianza en la solidez de la economía y la estabilidad del sistema financiero.

Las instituciones que regulan la emisión de dinero, como el banco central y las agencias gubernamentales, tienen la función de mantener la estabilidad financiera y económica. El banco central, por ejemplo, tiene la tarea de regular la oferta de dinero y controlar la inflación, además de supervisar y regular el sistema bancario. Las agencias gubernamentales también pueden regular la emisión de dinero y controlar la inflación a través de políticas fiscales y monetarias.

Nacimiento de la criptografía

David Chaum es considerado el padre de la criptografía y el inventor del dinero digital. Este criptógrafo, matemático, informático y teórico estadounidense nacido en 1955, se doctoró en Informática y Administración de Empresas por la Universidad de Berkeley, California, y organizó las primeras conferencias mundiales sobre criptografía, conocidas como CRYPTO. En ellas, presentó trabajos imprescindibles como su artículo de 1981 "Correo electrónico de rastro oculto, direcciones de regreso y seudónimos digitales", que sentó las bases del anonimato de comunicaciones entre usuarios, o "Sistemas informáticos establecidos, mantenidos y confiables por grupos mutuamente sospechosos", el primer precedente conocido de varios de los principios del blockchain.

Entre sus aportaciones más importantes destaca la creación de la firma ciega, un protocolo de firma digital que permite a un usuario recibir un mensaje firmado por otra entidad sin que esta pueda ver el contenido del mensaje. Este sistema también permite evitar el doble gasto, es decir, que una forma de dinero digital pueda utilizarse fraudulentamente en dos ocasiones.

En 1990, Chaum creó la empresa de pagos electrónicos DigiCash, que incluía la aplicación de sus trabajos e investigaciones previas, los cuales se materializarían en la solución eCash. En 1994, y tras haber madurado el proyecto, en la primera conferencia World Wide Web demostró que el sistema de pagos que había desarrollado permitía transacciones de dinero entre ordenadores en red de forma automatizada. Esto fue uno de los grandes precedentes de las criptomonedas como las conocemos hoy.

Chaum continúa desarrollando brillantes proyectos basados en blockchain que tienen la privacidad del individuo como piedra angular de su corriente ideológica, el cypherpunk. Esto lo relaciona con otra de las figuras que precedieron a Satoshi Nakamoto y que resultan fundamentales para entender Bitcoin: Timothy May. Tymothy C. May, estadounidense nacido en 1951, fue otro brillante ingeniero informático, pensador, escritor e ideólogo, conocido activista del movimiento cypherpunk y creador del criptoanarquismo como corriente fundamental precedente al blockchain.

Su primera experiencia profesional lo llevó a trabajar en Intel durante casi una década, donde aportó grandes descubrimientos para el aumento de la eficiencia de los circuitos electrónicos que producía el gigante norteamericano. Pero tomó su papel protagonista en 1988, al publicar "El manifiesto criptoanarquista", considerado un documento fundamental en materia de criptografía y privacidad. En él, defiende el derecho al anonimato y pone en tela de juicio el papel regulador de gobiernos e instituciones de todo el mundo. Durante los años siguientes, May seguiría lanzando publicaciones de vital importancia para entender el nacimiento y la madurez del pensamiento crypto, donde incluía ideas como la necesidad de sistemas criptográficos, comunidades y redes virtuales, o comunicaciones anónimas, entre otros.

El Criptoanarquismo

El criptoanarquismo es una corriente que ha surgido en el contexto de la era digital y que defiende la anarquía a través de la tecnología informática. Los criptoanarquistas utilizan software criptográfico para garantizar la privacidad y la seguridad al enviar y recibir información a través de redes informáticas. De esta manera, buscan proteger la libertad de expresión y la libertad económica.

La tecnología utilizada por los criptoanarquistas se basa en la comunicación entre pares, lo que significa que la asociación entre la identidad de un usuario u organización y el seudónimo que utiliza es difícil de rastrear. Esto permite a los participantes en la red mantener su anonimato y proteger su privacidad.

Además, los criptoanarquistas defienden la creación de nuevas leyes de manera voluntaria utilizando contratos inteligentes. Estos contratos permiten a los usuarios establecer sus propias reglas y normas, lo que significa que la ley no es impuesta por una autoridad central, sino que es creada por los propios usuarios.

La tecnología blockchain, y en particular Bitcoin, es un ejemplo de cómo la tecnología y la ideología se cruzan en la criptoeconomía. Bitcoin es una moneda digital que se basa en la tecnología blockchain, lo que significa que es descentralizada y no está controlada por una autoridad central. Esto hace que sea difícil de rastrear y controlar, lo que la convierte en una herramienta valiosa para los criptoanarquistas.

Y entonces llegó Satoshi Nakamoto

Satoshi Nakamoto es el seudónimo utilizado por la persona o grupo de personas que crearon la criptomoneda Bitcoin y su protocolo asociado en 2008. La verdadera identidad de Satoshi Nakamoto sigue siendo desconocida, y su misteriosa desaparición en 2011 solo ha aumentado el enigma.

Se cree que Satoshi Nakamoto es un programador o un grupo de programadores, probablemente de origen japonés, que publicó un artículo técnico en 2008 describiendo un nuevo sistema de pago electrónico llamado Bitcoin. En enero de 2009, el software de Bitcoin fue lanzado oficialmente y el primer bloque de la cadena de bloques de Bitcoin, conocido como el "bloque génesis", fue minado por Nakamoto.

A lo largo de los siguientes años, Nakamoto trabajó en el desarrollo y la promoción de Bitcoin, escribiendo en foros en línea y colaborando con otros desarrolladores. A medida que Bitcoin ganaba popularidad, Nakamoto se convirtió en una figura legendaria en la comunidad de criptomonedas, pero siempre mantuvo su verdadera identidad en secreto.

En 2011, sin embargo, Nakamoto desapareció misteriosamente de la escena de Bitcoin, dejando detrás de sí un legado tecnológico y una comunidad en crecimiento. Aunque se han presentado muchas teorías sobre su verdadera identidad y su razón para desaparecer, todavía no se sabe quién es Satoshi Nakamoto ni qué pasó con él.

A pesar de la desaparición de su creador, Bitcoin continuó creciendo y se convirtió en una de las criptomonedas más populares del mundo. Su tecnología de cadena de bloques ha sido adaptada por muchas otras criptomonedas, y ha dado lugar a nuevas aplicaciones de tecnología blockchain, como los contratos inteligentes.

La criptomoneda ha experimentado una gran volatilidad en su valor a lo largo de los años, pero muchos creen que su tecnología subyacente tiene un gran potencial para revolucionar el sistema financiero tradicional. En 2021, Bitcoin alcanzó un máximo histórico de más de $60,000, aunque su valor ha fluctuado desde entonces.

Aunque la identidad de Satoshi Nakamoto sigue siendo un misterio, su legado sigue vivo en el desarrollo continuo de la tecnología blockchain y las criptomonedas que ha inspirado. La creación de Bitcoin ha cambiado la forma en que vemos el dinero y ha abierto nuevas posibilidades para la tecnología financiera en todo el mundo.

La blockchain

La blockchain es una tecnología revolucionaria que ha ganado mucha atención en los últimos años debido a su capacidad para cambiar la forma en que se gestionan los datos y se realizan las transacciones financieras. En este artículo, explicaré qué es la blockchain, cómo funciona y su historia.

La blockchain es una base de datos distribuida que se utiliza para registrar transacciones de manera segura y transparente. En lugar de tener un solo registro centralizado que puede ser manipulado por una sola entidad, como un banco, la blockchain está descentralizada, lo que significa que se comparte en una red de computadoras. Esta red está formada por nodos que almacenan una copia del registro y validan las transacciones. Cada nodo tiene una copia idéntica del registro y cualquier transacción que se realice debe ser validada por una mayoría de los nodos antes de ser agregada al

Cada bloque de la blockchain contiene un conjunto de transacciones que se han validado. Una vez que un bloque ha sido validado, se agrega a la cadena de bloques, lo que significa que es permanente y no se puede modificar. Cada bloque está vinculado al bloque anterior mediante un código criptográfico, lo que crea una cadena de bloques que es difícil de manipular.

La blockchain también utiliza la criptografía para garantizar la seguridad de los datos. Cada transacción se registra de forma encriptada y solo aquellos con las claves privadas adecuadas pueden acceder a la información. Además, la blockchain utiliza algoritmos de consenso para garantizar que todas las transacciones se validen de manera justa y sin la intervención de terceros.

Historia de la blockchain

La historia de la blockchain se remonta a 2008, cuando una persona o grupo de personas bajo el pseudónimo de Satoshi Nakamoto publicó un documento técnico que describía una nueva forma de realizar transacciones financieras utilizando criptografía. La idea detrás de esta nueva tecnología era permitir la creación de una moneda digital descentralizada que no estuviera sujeta a la regulación gubernamental ni a la influencia de los bancos centrales. La moneda digital que surgió a partir de esta idea se conoció como Bitcoin.

La tecnología subyacente a Bitcoin se conoce como la blockchain. La blockchain es un libro de contabilidad distribuido que se utiliza para registrar transacciones de forma segura y transparente. En lugar de tener un solo registro centralizado que puede ser manipulado por una sola entidad, como un banco, la blockchain está descentralizada, lo que significa que se comparte en una red de computadoras. Esta red está formada por nodos que almacenan una copia del registro y validan las transacciones.

La idea de una moneda digital no era nueva. Ya en la década de 1990 se habían creado monedas digitales como el eCash de David Chaum y el CyberCash de Mark Twain. Sin embargo, estas monedas digitales tenían la misma desventaja: eran centralizadas. Había una autoridad central que controlaba la moneda digital, lo que significaba que existía un punto de fallo en la seguridad.

La blockchain resolvió este problema al permitir la creación de una moneda digital descentralizada. En la blockchain, cada transacción se registra de forma encriptada y solo aquellos con las claves privadas adecuadas pueden acceder a la información. Además, la blockchain utiliza algoritmos de consenso para garantizar que todas las transacciones se validen de manera justa y sin la intervención de terceros.

Bitcoin se lanzó en enero de 2009, y su adopción inicial fue limitada. Sin embargo, a medida que la moneda ganaba en popularidad y su valor aumentaba, comenzó a atraer la atención de los inversores y de los medios de comunicación. En 2011, se fundó la primera casa de cambio de Bitcoin, Mt. Gox, que permitía a los usuarios comprar y vender Bitcoin por dinero fiduciario.

A medida que Bitcoin se hacía más popular, se empezaron a desarrollar nuevas criptomonedas. Estas criptomonedas utilizaban la tecnología de la blockchain de Bitcoin pero con algunas modificaciones. Por ejemplo, Litecoin se lanzó en 2011 y utilizaba un algoritmo de minería diferente al de Bitcoin. Ethereum se lanzó en 2015 y permitía la creación de contratos inteligentes, que son programas que se ejecutan en la blockchain y que permiten la creación de acuerdos autónomos y autenticados.

A medida que se desarrollaba la tecnología de la blockchain, se empezaron a explorar nuevas aplicaciones para ella. En 2014, el proyecto Namecoin utilizó la blockchain para crear un sistema de nombres de dominio descentralizado. En 2016, la plataforma de votación Follow My Vote utilizó la blockchain para garantizar la transparencia y la seguridad en las elecciones.

A continuación se describen algunas de las principales aplicaciones actuales de la blockchain.

- Criptomonedas: La blockchain es la tecnología subyacente de las criptomonedas, como Bitcoin y Ethereum. Las criptomonedas se utilizan para transferir valor entre dos partes sin la necesidad de un intermediario.

- Contratos inteligentes: Los contratos inteligentes son programas informáticos que se ejecutan automáticamente cuando se cumplen ciertas condiciones. Se utilizan en una amplia gama de aplicaciones, desde el seguimiento de la cadena de suministro hasta la gestión de reclamaciones de seguros.
- Identidad digital: La blockchain se está utilizando cada vez más para la gestión de identidades digitales. La tecnología permite la creación de identidades digitales descentralizadas que son inmutables y seguras. Esto puede ayudar a prevenir el fraude y la suplantación de identidad.
- Cadena de suministro: La blockchain se utiliza en la gestión de la cadena de suministro para proporcionar transparencia y trazabilidad. La tecnología permite el seguimiento de los productos a lo largo de la cadena de suministro, lo que puede ayudar a prevenir el fraude y la falsificación.
- Votación electrónica: La blockchain se ha propuesto como una solución para la votación electrónica segura y confiable. La tecnología permite la creación de sistemas de votación que son inmutables y transparentes.
- Tokenización de activos: La blockchain se utiliza para la tokenización de activos, como bienes raíces y obras de arte. La tokenización permite la división de un activo en partes más pequeñas, lo que puede hacer que la inversión sea más accesible para un público más amplio.
- Juegos y entretenimiento: La blockchain se está utilizando cada vez más en la industria de los juegos y el entretenimiento. La tecnología permite la creación de juegos y aplicaciones descentralizadas que pueden ser propiedad de los usuarios y ofrecer una experiencia más justa y transparente.

¿Cómo funciona la blockchain?

La blockchain funciona mediante una red de nodos que se comunican entre sí para validar y registrar transacciones. Cuando se realiza una transacción, se envía a la red de nodos. Cada nodo valida la transacción y luego la agrega a su copia del registro. Una vez que se ha validado la transacción por una mayoría de los nodos, se agrega al bloque más reciente de la cadena de bloques.

Cada bloque contiene un código criptográfico que vincula el bloque anterior. Esto significa que cualquier cambio en un bloque anterior también cambiaría el código criptográfico, lo que invalidaría el bloque actual. Debido a que cada bloque está vinculado al anterior, la cadena de bloques es inmutable y no se puede manipular sin la aprobación de la mayoría de los nodos de la red.

La blockchain también utiliza la criptografía para proteger la seguridad de los datos. Cada transacción se registra de forma encriptada y solo aquellos con las claves privadas adecuadas pueden acceder a la información. Además, la blockchain utiliza algoritmos de consenso para garantizar que todas las transacciones se validen de manera justa y sin la intervención de terceros.

La blockchain es utilizada principalmente en aplicaciones financieras, como criptomonedas y contratos inteligentes. Las criptomonedas, como Bitcoin y Ethereum, utilizan la blockchain para registrar transacciones financieras y validar su autenticidad. Los contratos inteligentes son programas que se ejecutan en la blockchain y que permiten la creación de acuerdos autónomos y autenticados.

El Libro Mayor o DLT

El libro contable distribuido, o DLT por sus siglas en inglés (Distributed Ledger Technology), es una tecnología de registro que permite a varias partes tener una copia idéntica y actualizada de una base de datos compartida. A diferencia de un libro contable centralizado, que es mantenido por una entidad central, un DLT es descentralizado y mantenido por una red de nodos independientes.

La tecnología de DLT utiliza criptografía para garantizar que la información almacenada en la base de datos sea segura y no pueda ser alterada. Cada transacción en la red es validada por los nodos y luego se agrega a la base de datos compartida, lo que crea un registro inmutable y transparente de todas las transacciones.

Uno de los usos más conocidos de la tecnología de DLT es en la criptomoneda, como Bitcoin, que utiliza un libro contable distribuido llamado "cadena de bloques" (blockchain). En la cadena de bloques de Bitcoin, cada bloque contiene un conjunto de transacciones que han sido validadas por los nodos de la red y enlazadas en una cadena de bloques en orden cronológico. Cada bloque tiene un hash criptográfico que se enlaza al bloque anterior, lo que hace que la cadena de bloques sea resistente a la manipulación y a la falsificación.

Además de la criptomoneda, la tecnología de DLT también se utiliza en una variedad de otras aplicaciones, como el seguimiento de la cadena de suministro, la votación electrónica, la gestión de identidad y la gestión de registros médicos. En estas aplicaciones, la tecnología de DLT proporciona una forma segura y transparente de compartir información entre varias partes sin tener que confiar en una entidad centralizada.

En resumen, el libro contable distribuido es una tecnología de registro que permite a varias partes tener una copia idéntica y actualizada de una base de datos compartida. La tecnología de DLT utiliza criptografía para garantizar que la información almacenada en la base de datos sea segura y no pueda ser alterada, lo que la convierte en una herramienta útil para una variedad de aplicaciones, incluida la criptomoneda, el seguimiento de la cadena de suministro y la gestión de registros médicos.

Desarrollador blockchain una profesión con alta demanda

El desarrollo de blockchain es una de las profesiones más emocionantes y de mayor crecimiento en la industria de la tecnología. La tecnología blockchain, que es la base de la criptomoneda y muchas otras aplicaciones, es una de las tecnologías disruptivas más importantes del siglo XXI. Es una tecnología de contabilidad descentralizada que permite a los usuarios enviar y recibir información de forma segura sin la necesidad de un intermediario.

La demanda de desarrolladores blockchain ha aumentado significativamente en los últimos años. Con el auge de las criptomonedas, muchas empresas están buscando desarrolladores que puedan construir aplicaciones descentralizadas, contratos inteligentes y otras soluciones de blockchain. Como resultado, la industria blockchain ha experimentado un aumento en la demanda de profesionales con habilidades y experiencia en este campo.

Un desarrollador blockchain típicamente trabaja en el diseño, desarrollo y mantenimiento de aplicaciones y soluciones de blockchain. Las habilidades necesarias para ser un desarrollador de blockchain incluyen programación, seguridad de la información, criptografía y conocimiento de la tecnología blockchain. Los desarrolladores también deben ser capaces de trabajar en equipo, comunicarse de manera efectiva y estar dispuestos a aprender y adaptarse a nuevas tecnologías.

Una de las principales ventajas de ser un desarrollador blockchain es que el trabajo es altamente remunerado. Debido a la gran demanda de habilidades de desarrollo blockchain,

Blockchain y la inteligencia artificial, el futuro ya está aquí

Si bien la blockchain y la inteligencia artificial son tecnologías distintas, hay una relación cada vez más estrecha entre ellas. La combinación de blockchain e inteligencia artificial puede generar importantes sinergias y dar lugar a soluciones innovadoras.

Una de las áreas en las que la combinación de blockchain e inteligencia artificial puede ser especialmente útil es en la gestión de grandes cantidades de datos. La blockchain es una tecnología que permite el almacenamiento seguro y descentralizado de datos, lo que significa que los datos pueden ser compartidos y verificados por múltiples partes sin necesidad de un intermediario. La inteligencia artificial, por su parte, es capaz de procesar grandes cantidades de datos y extraer información útil y valiosa.

Al combinar ambas tecnologías, es posible crear soluciones que permitan compartir grandes cantidades de datos de forma segura y procesarlos de manera más eficiente. Por ejemplo, en el sector de la salud se pueden utilizar para mejorar la investigación y el tratamiento de enfermedades. Al almacenar los datos de los pacientes en una cadena de bloques y utilizar la inteligencia artificial para analizarlos, es posible identificar patrones y tendencias que pueden ayudar a los médicos a tomar decisiones más informadas y mejorar la eficacia de los tratamientos.

Otra área en la que puede ser útil es en la identificación y prevención del fraude. La blockchain es una tecnología que permite el seguimiento de las transacciones de forma inmutable, haciendo muy difícil para los delincuentes borrar o modificar los registros.

En el sector financiero, por ejemplo, la blockchain y la inteligencia artificial se pueden utilizar para identificar y prevenir el lavado de dinero y otras actividades ilícitas. Al utilizar la blockchain para rastrear las transacciones y la inteligencia artificial para analizar los datos, es posible detectar patrones y comportamientos

Las criptomonedas

Las criptomonedas han ganado popularidad en los últimos años debido a su capacidad para proporcionar un alto grado de privacidad y seguridad, y para procesar transacciones más rápidas y baratas que los métodos de pago tradicionales.

Las criptomonedas son una forma de moneda digital descentralizada que utiliza la criptografía para asegurar y verificar transacciones, y controlar la creación de nuevas unidades. En otras palabras, las criptomonedas son monedas virtuales que se pueden usar para comprar bienes y servicios en línea, y que no están respaldadas por ningún gobierno o institución financiera central.

Las criptomonedas más populares incluyen Bitcoin, Ethereum, Ripple, Bitcoin Cash, Litecoin y Tether, entre otras.

Las criptomonedas se utilizan para una variedad de propósitos, incluyendo compras en línea, transacciones transfronterizas y pagos internacionales, y como instrumentos de inversión. A diferencia de las monedas fiduciarias, como el dólar estadounidense o el euro, las criptomonedas no están respaldadas por un gobierno o una institución financiera central. En cambio, la confianza en las criptomonedas se basa en su tecnología subyacente y la confianza de sus usuarios.

Uno de los mayores beneficios de las criptomonedas es que proporcionan un alto grado de anonimato y privacidad a los usuarios. Las transacciones se registran en una base de datos pública llamada blockchain, pero los detalles personales de los usuarios se mantienen en secreto.

Otro beneficio de las criptomonedas es que proporcionan una forma de pago rápida y segura. Las transacciones se procesan en cuestión de minutos, en comparación con los días que pueden tardar las transferencias bancarias internacionales.

Las criptomonedas también han sido objeto de controversia debido a su volatilidad de precios, su uso en actividades ilegales y su posible impacto en la estabilidad financiera global. A pesar de esto, el interés en las criptomonedas sigue creciendo y cada vez más empresas y gobiernos están explorando su uso y regulación.

Principales ventajas e inconvenientes de las criptomonedas:

- Seguridad: Las criptomonedas utilizan criptografía para proteger las transacciones y garantizar que solo el propietario de la moneda pueda realizar transacciones con ella. Además, la tecnología blockchain en la que se basan las criptomonedas hace que sea casi imposible falsificar o manipular la información almacenada en la cadena de bloques.

- Privacidad: Las criptomonedas permiten a los usuarios realizar transacciones sin tener que revelar su identidad o información personal. Las transacciones se registran en la cadena de bloques de manera anónima, lo que hace que sea muy difícil para los ciberdelincuentes o los piratas informáticos acceder a la información personal de los usuarios.

- Velocidad de procesamiento: Las transacciones con criptomonedas se procesan en cuestión de minutos, en comparación con los días que pueden tardar las transferencias bancarias internacionales. Además, las transacciones se pueden realizar a cualquier hora del día, los 7 días de la semana, sin la necesidad de intermediarios o terceros.

- No hay intermediarios: A diferencia de las transacciones con tarjetas de crédito o transferencias bancarias, las transacciones con criptomonedas no requieren intermediarios como bancos, tarjetas de crédito o compañías de procesamiento de pagos. Esto significa que los usuarios no tienen que pagar tarifas adicionales y pueden realizar transacciones de manera más directa y sin restricciones.

A pesar de estas ventajas, las criptomonedas también tienen algunos riesgos y desventajas que los usuarios deben tener en cuenta, a continuación se detallan algunos de los principales riesgos de las criptomonedas:

- Volatilidad: Las criptomonedas son conocidas por su alta volatilidad de precios, lo que significa que el valor de una criptomoneda puede fluctuar significativamente en cuestión de minutos, horas o días. Esto puede hacer que las criptomonedas sean una inversión arriesgada y no apta para inversores conservadores.

- Falta de regulación: Las criptomonedas no están respaldadas por ningún gobierno o institución financiera central, lo que significa que no están sujetas a regulaciones y leyes gubernamentales. Esto puede llevar a un mayor riesgo de fraude y abuso en el mercado de criptomonedas, y también puede hacer que las criptomonedas sean vulnerables a cambios en la legislación y regulaciones.

- Robo de criptomonedas: Las criptomonedas se almacenan en monederos digitales que están protegidos por claves privadas. Si un usuario pierde su clave privada o si un hacker logra acceder a ella, todas las criptomonedas almacenadas en ese monedero pueden perderse de manera permanente.

¿Qué son las incubadoras de criptomonedas?

Las incubadoras de criptomonedas son organizaciones que brindan apoyo a proyectos relacionados con criptomonedas y tecnologías blockchain. Estas organizaciones suelen ofrecer financiamiento, asesoramiento empresarial y técnico, y acceso a una red de contactos en el ecosistema de criptomonedas y blockchain.

Los proyectos que se incuban en estas organizaciones pueden ser de diferentes tipos, como startups de criptomonedas, plataformas de intercambio de criptomonedas, aplicaciones descentralizadas (dApps) y proyectos de contratos inteligentes.

Las incubadoras de criptomonedas a menudo tienen una selección rigurosa de proyectos, y solo aceptan aquellos que tienen un potencial real de éxito. Además, estas organizaciones a menudo tienen una participación en los proyectos que incuban, lo que significa que comparten parte de la propiedad y las ganancias.

Minería de Criptomonedas

La minería de criptomonedas es un proceso mediante el cual se generan nuevas unidades de una criptomoneda y se validan las transacciones que se realizan en su red. Para entender cómo funciona la minería de criptomonedas, es necesario comprender algunos conceptos básicos.

Los mineros son personas o empresas que utilizan su poder de procesamiento informático para resolver complejos algoritmos matemáticos y validar las transacciones que se realizan en la red. A cambio de su trabajo, reciben una recompensa en forma de nuevas unidades de la criptomoneda que están minando.

El proceso de minería de criptomonedas comienza cuando alguien realiza una transacción en la red. Esta transacción se envía a todos los nodos de la red para que la validen. Los nodos son computadoras conectadas a la red de la criptomoneda que se encargan de verificar las transacciones y de transmitirlas a otros nodos.

Una vez que la transacción ha sido validada por los nodos, los mineros comienzan a competir entre ellos para resolver el algoritmo matemático que permite agregar la transacción al bloque siguiente de la cadena. El primer minero que resuelve el algoritmo y agrega el bloque a la cadena es recompensado con nuevas unidades de la criptomoneda.

La dificultad de los algoritmos matemáticos que se deben resolver para minar una criptomoneda varía según la moneda y puede cambiar con el tiempo. En general, la dificultad aumenta a medida que se agregan más nodos a la red y se realizan más transacciones.

Además de la recompensa en forma de nuevas unidades de la criptomoneda, los mineros también reciben una comisión por cada transacción que validan. Esta comisión es pagada por la persona que realiza la transacción y se utiliza para incentivar a los mineros a seguir trabajando en la red.

La minería de criptomonedas requiere un gran poder de procesamiento informático y consume una gran cantidad de energía. Por esta razón, muchos mineros utilizan equipos especializados conocidos como ASICs (Circuitos Integrados de Aplicación Específica) que han sido diseñados específicamente para la minería de criptomonedas.

Las recompensas de la minería

La competencia por resolver problemas criptográficos en la minería de criptomonedas, como Bitcoin, es una actividad que requiere una gran inversión en equipos potentes de alta capacidad de computación y un alto consumo energético. Sin embargo, a pesar de estas limitaciones, existe una gran cantidad de mineros en todo el mundo compitiendo por la recompensa.

La razón principal detrás de esta competencia es la recompensa económica que se ofrece por cada bloque de transacciones que se registra en la cadena de bloques. Cada vez que un minero resuelve el problema criptográfico, se agrega un nuevo bloque a la cadena de bloques, y se le otorga una cantidad fija de bitcoins como recompensa. Esta recompensa es la motivación principal para los mineros, ya que les permite obtener un beneficio económico directo por su trabajo.

Además, la recompensa económica es esencial para mantener la red Bitcoin. A diferencia de otras redes P2P, como la red BitTorrent, la red Bitcoin ofrece una recompensa económica por participar en ella.

Esto significa que hay una motivación económica para mantener la red, lo que la hace más resistente a ataques y más segura en general. Si no existiera la recompensa económica, no habría incentivo para mantener la red, y sería mucho más vulnerable a los ataques y manipulaciones.

En resumen, aunque la minería de criptomonedas, como Bitcoin, requiere una gran inversión en equipos potentes y un alto consumo energético, la recompensa económica que se ofrece por resolver problemas criptográficos es la principal motivación para los mineros. Además, la recompensa económica es esencial para mantener la red Bitcoin y para garantizar su seguridad y resistencia a ataques. Por lo tanto, la competencia por resolver problemas criptográficos es una parte esencial de la criptoeconomía y su funcionamiento.

La reducción de la recompensa por bloque de Bitcoin a la mitad cada cuatro años mediante el halving tiene varias implicaciones. En primer lugar, reduce la inflación de Bitcoin, ya que se emiten menos monedas nuevas con el tiempo. A medida que la oferta de Bitcoin se acerca a su límite máximo de 21 millones de unidades, la inflación de Bitcoin disminuirá hasta alcanzar cero en el momento en que se alcance el límite.

Además, el halving tiene un efecto en el precio de Bitcoin. La reducción en la oferta de nuevas monedas significa que hay menos oferta en el mercado, lo que puede aumentar la demanda y, por lo tanto, el precio. Esto se debe a que, si la demanda se mantiene constante o aumenta, y la oferta disminuye, el precio tiende a aumentar. Este efecto ha sido observado históricamente en los dos halvings anteriores de Bitcoin, en 2012 y 2016, que fueron seguidos por un aumento en el precio de Bitcoin.

En resumen, el halving es un mecanismo clave en el protocolo de Bitcoin que tiene implicaciones económicas importantes para la oferta, la inflación y el precio de Bitcoin.

Según los analistas de Hash Rate Index, los mineros de Bitcoin públicos se centrarán en minimizar costes y fortalecer sus balances en 2023. Esto podría llevar a una privatización o fusión con otras empresas para compartir costes. También se espera una reestructuración masiva en la industria minera de Bitcoin, y algunos mineros podrían tener que reestructurar su deuda para evitar la quiebra. Los analistas predicen que los mineros de Bitcoin cubrirán cada vez más riesgos utilizando derivados de minería, y que el mercado bajista de Bitcoin probablemente llegará a su fin en 2023, aunque un mercado alcista a gran escala no comenzará hasta que las empresas financieras tradicionales estén listas para invertir en Bitcoin, lo que podría llevar uno o dos años más. Además, se espera que el crecimiento de la tasa de hash de Bitcoin se ralentice en 2023, mientras que los equipos de minería se abaratarán aún más.

¿Has pensado en minar criptomoneda tú mismo?

La minería de criptomonedas puede ser una forma lucrativa de ganar criptomonedas, pero también es un proceso intensivo en recursos que puede ser costoso.

Básicamente será necesario seleccionar una criptomoneda para minar, Bitcoin es la criptomoneda más popular, pero también hay otras opciones, como Ethereum, Litecoin y Bitcoin Cash.

Será necesario conseguir un hardware especializado lo que supondrá un gran desembolso de capital y después tener suficientes conocimientos técnicos para configurarlo correctamente.

Los enemigos de las criptomonedas

Las criptomonedas han enfrentado varios desafíos y enemigos a lo largo de su existencia. Algunos de los principales enemigos de las criptomonedas son:

- Regulación: Una de las mayores amenazas para las criptomonedas son las regulaciones gubernamentales. Los gobiernos de todo el mundo han intentado regular las criptomonedas debido a la preocupación por el lavado de dinero, la evasión fiscal y la financiación del terrorismo.
- Volatilidad: Las criptomonedas son conocidas por su alta volatilidad, lo que las hace inestables para los inversores. La incertidumbre sobre la regulación, la adopción masiva y otros factores pueden provocar fuertes fluctuaciones en el precio.
- Ciberseguridad: Las criptomonedas son vulnerables a los ataques cibernéticos, como los robos de intercambios y los ataques de ransomware. Estos ataques pueden resultar en grandes pérdidas financieras para los titulares de criptomonedas.

- Competencia: A medida que las criptomonedas se vuelven más populares, también enfrentan una creciente competencia de otras criptomonedas, lo que puede afectar su valor.
- Falta de adopción: Aunque las criptomonedas han ganado popularidad en los últimos años, todavía hay una falta de adopción generalizada. Muchas personas todavía no entienden completamente cómo funcionan las criptomonedas o no están dispuestas a asumir el riesgo asociado con su inversión.

Adopción de las criptomonedas

La adopción de las criptomonedas varía mucho de un país a otro. A continuación se presentan algunos de los países que más han adoptado las criptomonedas:

- El Salvador: En septiembre de 2021, El Salvador se convirtió en el primer país del mundo en adoptar Bitcoin como moneda de curso legal.
- Nigeria: Es uno de los principales mercados de criptomonedas de África, y ha experimentado un crecimiento significativo en la adopción de criptomonedas en los últimos años.
- Estados Unidos: Es un mercado importante para las criptomonedas y cuenta con una gran cantidad de empresas relacionadas con ellas. Además, algunas ciudades como Miami y Nueva York están trabajando para convertirse en centros de innovación en criptomonedas.
- Japón: Es uno de los primeros países en reconocer las criptomonedas como una forma legal de pago, lo que ha impulsado su adopción en el país.
- Suiza: Es conocida por ser un centro de innovación y tecnología, y ha sido un país pionero en la adopción de criptomonedas y tecnologías blockchain.
- Venezuela: La hiperinflación del bolívar venezolano ha llevado a una adopción significativa de criptomonedas como el Bitcoin como una forma de proteger el valor de los ahorros.

Las criptomonedas en España

En los últimos años, España ha experimentado un aumento en la adopción de criptomonedas, especialmente Bitcoin y Ethereum. Muchos ciudadanos españoles han invertido en estas monedas digitales con la esperanza de obtener beneficios a largo plazo.

Empresas de criptomonedas en España

España es un país que ha mostrado un gran interés en el mundo de las criptomonedas, y ha surgido una gran cantidad de empresas que se dedican a este mercado. A continuación, se describen algunas de las principales empresas de criptomonedas en España.

- Bit2Me: Es una de las empresas de criptomonedas más importantes en España. Ofrece servicios de compra y venta de criptomonedas, así como también la posibilidad de realizar transacciones de forma segura. Además, ofrece una plataforma de pago que permite realizar transacciones en línea de forma segura y rápida.
- Coinffeine: Es una plataforma de intercambio de criptomonedas descentralizada que permite a los usuarios intercambiar criptomonedas de forma segura y directa, sin la necesidad de una entidad centralizada. Esta plataforma se basa en el protocolo de código abierto de Bitcoin y utiliza tecnología P2P.
- CryptoMKT: Es una empresa que ofrece servicios de compra y venta de criptomonedas, así como también una billetera digital para almacenar criptomonedas de forma segura. Esta empresa cuenta con una gran variedad de criptomonedas disponibles para comprar y vender.

Fiscalidad de las criptomonedas en España

A medida que el uso de criptomonedas se ha vuelto más común, la Agencia Tributaria de España ha comenzado a regular su uso y a exigir la declaración de impuestos sobre las ganancias obtenidas por su compraventa.

En marzo de 2018, la Comisión Nacional del Mercado de Valores (CNMV) y el Banco de España emitieron una advertencia conjunta sobre los riesgos asociados con la inversión en criptomonedas. A pesar de las advertencias, la adopción de criptomonedas en España siguió aumentando. La CNMV y el Banco de España también han advertido a los ciudadanos que los exchanges de criptomonedas no están regulados y que no están cubiertos por el Fondo de Garantía de Depósitos.

En octubre de 2020, la Agencia Tributaria de España emitió una guía detallada sobre cómo los ciudadanos deben declarar sus ganancias en criptomonedas. La guía establece que las criptomonedas se consideran un activo financiero y deben declararse en la declaración de impuestos correspondiente. La guía también establece que cualquier persona que venda criptomonedas por un valor superior a 1.000 euros debe proporcionar información detallada sobre la transacción.

Además, la guía establece que las empresas que aceptan criptomonedas como pago deben incluir estas transacciones en su contabilidad y declararlas como ingresos. Las empresas también deben mantener registros detallados de todas las transacciones que involucren criptomonedas.

La regulación de las criptomonedas en España es un tema en constante evolución. En enero de 2021, el Ministerio de Asuntos

Económicos y Transformación Digital anunció la creación de un grupo de trabajo para analizar la regulación de las criptomonedas. El grupo de trabajo incluye representantes del Ministerio de Hacienda, la CNMV, el Banco de España y otros organismos reguladores.

Diferencia entre criptomoneda y token

Aunque a menudo se utilizan indistintamente, hay algunas diferencias clave entre una criptomoneda y un token. En términos generales, una criptomoneda es una moneda digital descentralizada que se utiliza como medio de intercambio, mientras que un token es un activo digital que se emite en una plataforma blockchain y representa un valor o derecho específico.

La criptomoneda más conocida es Bitcoin, pero hay muchas otras, como Ethereum, Litecoin, Bitcoin Cash y Ripple. Estas criptomonedas se crean mediante un proceso llamado minería, que implica el uso de la potencia informática para resolver problemas matemáticos complejos y validar transacciones en la red blockchain.

Las criptomonedas son totalmente descentralizadas y no están controladas por ninguna entidad central. Esto significa que no hay bancos, gobiernos ni autoridades reguladoras que puedan intervenir en su uso o valor. En lugar de ello, su valor se basa en la oferta y la demanda del mercado.

Por otro lado, los tokens se emiten en una plataforma blockchain existente y representan un valor o derecho específico. Por ejemplo, un token puede representar una acción, una participación en un fondo de inversión, una moneda estable o un derecho de voto en una organización.

A diferencia de las criptomonedas, los tokens no se crean mediante la minería, sino que se emiten a través de un proceso llamado "tokenización". Este proceso implica la creación de un activo digital que se representa en un blockchain existente, como Ethereum.

Los tokens pueden ser emitidos por empresas, organizaciones, gobiernos y cualquier otra entidad que tenga algo que ofrecer en términos de valor. Por ejemplo, una empresa podría emitir un token que representa una parte de sus acciones, lo que permite a los inversores comprar y vender estos tokens en lugar de las acciones tradicionales.

Otra diferencia importante entre las criptomonedas y los tokens es su función. Las criptomonedas se utilizan principalmente como medio de intercambio, mientras que los tokens tienen una variedad de funciones y aplicaciones.

Además, las criptomonedas suelen tener una oferta limitada, lo que significa que hay una cantidad fija de monedas que se pueden crear. En contraste, los tokens pueden ser emitidos en cualquier cantidad, lo que significa que su valor puede estar más influenciado por la demanda del mercado.

En términos de seguridad, tanto las criptomonedas como los tokens son seguros debido a la tecnología blockchain en la que se basan. Cada transacción se registra en un libro mayor descentralizado, lo que hace que sea muy difícil para los hackers manipular la red.

¿Qué son los Fan Token

Un fan token es un tipo de token de criptomoneda que se emite en una plataforma blockchain y está diseñado para ser utilizado por los fans de una organización, como un equipo deportivo o una marca. Estos tokens permiten a los fans participar en actividades y eventos exclusivos, obtener recompensas y tener una mayor interacción con la organización en cuestión.

Los fan tokens se crean a través de una plataforma blockchain, lo que significa que su existencia y transacciones están registradas en una red descentralizada, y por lo tanto, son resistentes a la manipulación y el fraude. Los fan tokens también pueden comprarse y venderse en mercados de criptomonedas, lo que significa que los fans pueden especular sobre su valor y obtener ganancias si el precio aumenta.

Uno de los principales ejemplos de fan tokens son los emitidos por equipos deportivos de fútbol. Por ejemplo, el FC Barcelona emitió su propio fan token, el Barça Token, en colaboración con la plataforma blockchain Chiliz. Los titulares de estos tokens pueden votar en ciertas decisiones del equipo, como la elección del nombre de un nuevo campo de entrenamiento. Los fans también pueden canjear sus tokens por recompensas, como entradas para partidos o la oportunidad de conocer a los jugadores del equipo.

Otro ejemplo de fan token es el token de Socios.com, que ha colaborado con varios equipos deportivos de fútbol, como el Manchester City y el AC Milan, así como con organizaciones de deportes electrónicos

Además de los fan tokens de equipos deportivos, también hay fan tokens emitidos por marcas y empresas. Por ejemplo, la empresa de moda AS Roma emitió un fan token a través de la plataforma blockchain Zytara Labs, que permite a los titulares del token obtener acceso a experiencias exclusivas y participar en la toma de decisiones relacionadas con la marca.

Otra característica importante de los fan tokens es su capacidad para ser comprados y vendidos en mercados de criptomonedas. Esto significa que los fans pueden especular sobre su valor y obtener ganancias si el precio aumenta.

¿Qué es un paracaídas o airdrop?

En el contexto de las criptomonedas, un "paracaídas" o "airdrop" se refiere a una estrategia de marketing en la que se distribuyen tokens o criptomonedas de forma gratuita a los poseedores de una criptomoneda determinada, como una forma de fomentar la adopción de una nueva moneda digital.

El proceso de airdrop implica que los poseedores de ciertas criptomonedas existentes, a menudo Bitcoin o Ethereum, reciben de forma gratuita nuevas criptomonedas o tokens en una proporción específica. Estas distribuciones pueden ser utilizadas como incentivos para animar a los inversores a mantener o adquirir una criptomoneda determinada, así como para crear una comunidad y un seguimiento para una nueva criptomoneda.

Algunas veces, los airdrops se realizan en relación con una oferta inicial de monedas (ICO) para aumentar la conciencia de la nueva moneda digital. Los airdrops también pueden ser utilizados por empresas ya establecidas como una forma de aumentar la demanda de su criptomoneda o token, y así aumentar su valor en el mercado.

Principales Criptomonedas
Bitcoin (BTC) La madre de todas las criptomonedas

Bitcoin es una criptomoneda, es decir, una moneda digital descentralizada que funciona sin la necesidad de un intermediario centralizado, como un banco o una entidad gubernamental. Como ya habíamos comentado anteriormente fue creado en 2009 por una persona o grupo de personas bajo el pseudónimo de Satoshi Nakamoto y desde entonces se ha convertido en la criptomoneda más conocida y utilizada en el mundo.

Los principales usos de Bitcoin son como medio de pago y como reserva de valor. Como medio de pago, Bitcoin se puede utilizar para comprar bienes y servicios en una creciente variedad de negocios en línea y físicos. Algunos de los sectores que han adoptado Bitcoin como forma de pago incluyen la industria de viajes y turismo, la industria de alimentos y bebidas, y la industria del entretenimiento.

Además, Bitcoin también se utiliza como reserva de valor, ya que su oferta total es limitada a 21 millones de unidades. Esto significa que a medida que aumenta la demanda de Bitcoin, su precio también puede aumentar. Como resultado, muchas personas han comenzado a invertir en Bitcoin como una forma de protegerse contra la inflación o como una inversión a largo plazo.

En términos de valores históricos, Bitcoin ha experimentado una volatilidad significativa desde su creación en 2009. En sus primeros años, su valor era relativamente bajo y no fue hasta 2017 que alcanzó su primer máximo histórico de alrededor de $20,000 por unidad. Sin embargo, poco después, el valor de Bitcoin experimentó una fuerte caída y volvió a caer a alrededor de $3,000 por unidad.

En los últimos años, Bitcoin ha vuelto a experimentar un aumento significativo en su valor, alcanzando un nuevo máximo histórico de alrededor de $65,000 por unidad en abril de 2021. Sin embargo, desde entonces, su valor ha fluctuado significativamente, experimentando una fuerte caída a mediados de mayo de 2021 y volviendo a recuperarse en los meses siguientes.

Un bitcoin se puede dividir en unidades más pequeñas llamadas "satoshis". Cada bitcoin se compone de 100 millones de satoshis (10^8 satoshis). Por lo tanto, un bitcoin se puede dividir en hasta ocho decimales.

En términos de su uso actual, Bitcoin sigue siendo la criptomoneda más utilizada y más conocida en el mundo. Además de su uso como medio de pago y reserva de valor, también se utiliza como herramienta de especulación y como una forma de diversificar una cartera de inversión.

¿Qué son las ballenas de Bitcoin?

En el contexto de Bitcoin y otras criptomonedas, las "ballenas" son inversores o entidades que poseen grandes cantidades de criptomonedas. Estas ballenas de Bitcoin tienen el potencial de influir en el mercado debido a la cantidad de activos que controlan.

Las ballenas de Bitcoin pueden mover grandes cantidades de la criptomoneda en una sola transacción, lo que puede afectar significativamente el precio. Por ejemplo, si una ballena de Bitcoin decide vender una gran cantidad de Bitcoin, esto puede hacer que el precio caiga debido a la gran oferta en el mercado. Por otro lado, si una ballena de Bitcoin decide comprar una gran cantidad de Bitcoin, esto puede hacer que el precio suba debido a la demanda adicional.

Es importante tener en cuenta que las ballenas de Bitcoin no siempre actúan de manera maliciosa o con la intención de manipular el mercado. Muchas ballenas son inversores a largo plazo que han acumulado Bitcoin durante años y simplemente están haciendo lo que consideran mejor para sus carteras. Sin embargo, también hay ballenas que pueden tratar de manipular el mercado para obtener ganancias a corto plazo, lo que puede ser perjudicial para otros inversores.

Similitudes y diferencias entre Bitcoin y el Oro

Bitcoin y el oro son dos activos que han adquirido gran importancia en la actualidad. Ambos son considerados por muchos como un refugio seguro para proteger su capital. Sin embargo, a pesar de que pueden parecer similares en algunos aspectos, también presentan diferencias significativas.

Comencemos con las similitudes. Tanto el oro como el Bitcoin son activos limitados en cantidad. El oro es un metal precioso que se extrae de la tierra, mientras que el Bitcoin es una criptomoneda que se crea a través de un proceso llamado "minería". En ambos casos, la oferta es limitada, lo que los hace valiosos y escasos. Además, tanto el oro como el Bitcoin son objeto de especulación, lo que puede generar grandes fluctuaciones en su valor.

Otra similitud es que ambos activos pueden ser utilizados como medio de intercambio. El oro ha sido utilizado durante siglos como una forma de intercambio y de almacenamiento de valor. El Bitcoin, por su parte, ha sido creado específicamente para ser utilizado como medio de pago y su popularidad ha aumentado en los últimos años.

Ahora, en cuanto a las diferencias, la principal es la forma en que se almacenan. El oro es un metal físico que se puede almacenar en una caja fuerte o en una bóveda de seguridad. Por otro lado, el Bitcoin es una criptomoneda que se almacena en una billetera virtual. Aunque ambas formas de almacenamiento tienen sus ventajas y desventajas, la seguridad de la billetera virtual depende en gran medida de la protección del usuario.

Otra gran diferencia es que el oro ha sido utilizado durante siglos como una forma de respaldo para la moneda. En el pasado, los billetes de banco podían ser canjeados por oro en cualquier momento. Hoy en día, aunque la mayoría de los países ya no utilizan el oro como respaldo para sus monedas, aún es considerado un activo de reserva por muchos gobiernos. Por otro lado, el Bitcoin no tiene respaldo físico y no está respaldado por ningún gobierno. Es una moneda descentralizada que depende de la confianza de los usuarios.

Finalmente, hay que mencionar la volatilidad del valor. El valor del oro tiende a fluctuar, pero generalmente lo hace de forma más lenta y predecible. Por otro lado, el valor del Bitcoin puede fluctuar rápidamente y de manera significativa, lo que puede generar grandes ganancias o pérdidas en un corto período de tiempo. Es importante destacar que la volatilidad del Bitcoin se ha reducido en los últimos años, pero aún es mucho más alta que la del oro.

Paridad entre Bitcoin y el S&P500

La paridad entre Bitcoin y el índice bursátil S&P 500 se refiere a la comparación del rendimiento de Bitcoin con el rendimiento del S&P 500 en un período de tiempo determinado. El S&P 500 es un índice que sigue el rendimiento de 500 de las empresas más grandes de Estados Unidos y se considera un indicador importante del rendimiento general del mercado de valores estadounidense.

Durante algunos períodos, se ha observado cierta correlación inversa entre el rendimiento de Bitcoin y el del S&P 500, lo que sugiere que algunos inversores pueden estar moviendo su dinero entre activos en función de las condiciones del mercado. Por ejemplo, en marzo de 2020, cuando los mercados de valores se desplomaron debido a la pandemia de COVID-19, el precio de Bitcoin también cayó bruscamente. Sin embargo, en los meses siguientes, el precio de Bitcoin se recuperó y superó el rendimiento del S&P 500.

Diferencia entre el mercado de Bitcoin y el Forex

El trading de criptomonedas y el Forex (mercado de divisas) son dos formas de inversión muy populares, aunque tienen algunas diferencias significativas en términos de activos, volatilidad y liquidez.

- Activos: El Forex es un mercado que se enfoca en el intercambio de divisas nacionales, mientras que el trading de criptomonedas se enfoca en el intercambio de monedas digitales.
- Volatilidad: Ambos mercados son conocidos por su volatilidad, pero las criptomonedas tienden a ser mucho más volátiles que las divisas. Las criptomonedas pueden experimentar cambios significativos en el precio en un corto período de tiempo, lo que puede ofrecer mayores oportunidades pero también aumentar el riesgo.
- Liquidez: El mercado Forex es el mercado financiero más grande del mundo, con un volumen diario de operaciones de más de 6 billones de dólares, lo que significa que tiene una alta liquidez y los traders pueden abrir y cerrar operaciones con rapidez y facilidad. En comparación, el mercado de criptomonedas es mucho más pequeño y, por lo tanto, puede tener menos liquidez.
- Regulación: El trading de criptomonedas y el Forex están sujetos a diferentes regulaciones. El Forex está altamente regulado en la mayoría de los países, mientras que el mercado de criptomonedas todavía se encuentra en un estado de regulación incipiente.
- Horario de mercado: El mercado Forex está disponible para operar durante las 24 horas del día, 5 días a la semana, mientras que el mercado de criptomonedas funciona las 24 horas del día, 7 días a la semana,

¿Qué comisiones se pagan por comprar Bitcoin?

El costo por comprar Bitcoin puede variar dependiendo de la plataforma de intercambio que se utilice, la ubicación geográfica del usuario y el método de pago que se utilice. Algunos de los costos comunes asociados con la compra de Bitcoin incluyen:

- Comisiones de intercambio: la mayoría de las plataformas de intercambio de criptomonedas cobran una comisión por cada transacción de compra o venta. Estas comisiones pueden variar desde menos del 1% hasta más del 5% del valor de la transacción, dependiendo del intercambio.
- Tarifas de depósito: algunos intercambios pueden cobrar una tarifa por depositar fondos en la plataforma. Estas tarifas pueden variar según el método de pago que se utilice.
- Tarifas de retiro: algunas plataformas pueden cobrar una tarifa por retirar Bitcoin o cualquier otra criptomoneda de la plataforma.
- Tarifas de conversión de moneda: si se utiliza una moneda diferente al dólar estadounidense para comprar Bitcoin, es posible que se aplique una tarifa de conversión de moneda por parte del intercambio.
- Además, es importante tener en cuenta que el precio de Bitcoin puede fluctuar ampliamente en función de la oferta y la demanda del mercado, lo que significa que el precio de compra en cualquier momento dado puede ser significativamente diferente al precio de compra en otro momento.

¿Cuántos Bitcoin han sido robados?

No está claro cuántos bitcoins han sido robados exactamente.

850.000 BTC fueron robados en el hackeo de Mt. Gox, que fue el mayor hackeo de Bitcoin de la historia. Otros 120.000 BTC fueron robados de Bitfinex en 2016. En conjunto, suman unos 970.000 BTC.

Los BTC robados, sin embargo, no significan BTC perdidos. Es probable que estas monedas robadas sigan circulando, y puede que ni siquiera estén en manos de los ladrones originales.

¿Es Bitcoin una altcoin?

No, Bitcoin no es una altcoin. El término "altcoin" se refiere a cualquier criptomoneda que no es Bitcoin, Bitcoin sigue siendo el líder en términos de adopción y reconocimiento en el mercado de criptomonedas. Es común que se use el término "altcoin" para referirse a cualquier otra criptomoneda que no sea Bitcoin.

¿Cómo están repartidos los Bitcoin en el mundo?

En 2023 sólo cuatro carteras tienen más de 100.000 Bitcoins y sólo esas 4 carteras poseen el 3,44% de todos los Bitcoin existentes

La billetera más grande del mundo posee en febrero de 2023 248.597 BTC lo que equivale a 6.119.873 Dólares al precio actual, cuando Bitcoin regrese al precio de 68.000 Dólares esta misma cartera tendrá un valor de cerca de 17 millones de dólares.

Puede parecer engañoso que la billetera más grande solo tenga 6 millones de dólares en Bitcoin, pero hemos de pensar que las ballenas no tienen una sola billetera si no varias

Las altcoins – Las monedas alternativas

Las altcoins son criptomonedas alternativas o alternativas a Bitcoin. El término "altcoin" es una abreviatura de "alternative coin" (moneda alternativa). A diferencia de Bitcoin, que fue la primera criptomoneda en ser creada, hay muchas altcoins diferentes que se han desarrollado a lo largo de los años.

Cada altcoin tiene sus propias características y usos únicos, y algunas de ellas se centran en resolver problemas específicos, como la escalabilidad, la privacidad o la interoperabilidad. Algunas altcoins también utilizan diferentes algoritmos de minería y sistemas de consenso en comparación con Bitcoin.

Las altcoins se negocian en diversas plataformas de intercambio de criptomonedas y muchas de ellas se pueden intercambiar directamente por Bitcoin o por otras criptomonedas. Aunque muchas altcoins han ganado popularidad y valor a lo largo de los años, Bitcoin sigue siendo la criptomoneda más popular y valiosa en la actualidad.

Algunas de las Altcoins más populares

Ethereum (ETH)

Ethereum es una criptomoneda que fue lanzada en 2015 por el programador Vitalik Buterin. A diferencia de Bitcoin, Ethereum no fue creada como una simple moneda digital, sino que fue diseñada como una plataforma de software descentralizada para la creación de aplicaciones descentralizadas (dApps) y contratos inteligentes.

La plataforma Ethereum utiliza una tecnología de blockchain similar a la de Bitcoin, pero con algunas diferencias importantes. Mientras que la blockchain de Bitcoin se utiliza principalmente para almacenar transacciones financieras, la blockchain de Ethereum es una plataforma para la ejecución de contratos inteligentes, que permiten a los desarrolladores crear aplicaciones descentralizadas en la plataforma.

Uno de los principales usos de Ethereum es el de la creación de tokens, que son activos digitales que representan cualquier cosa, desde monedas hasta acciones. Los tokens de Ethereum se crean utilizando contratos inteligentes y se pueden utilizar para financiar proyectos de blockchain o para crear sistemas de pago más eficientes.

Otro uso importante de Ethereum es su papel en el mercado de las finanzas descentralizadas (DeFi). La DeFi es un conjunto de aplicaciones financieras que se ejecutan en la blockchain y utilizan contratos inteligentes para automatizar los procesos financieros. Los usuarios pueden prestar y pedir prestado dinero, invertir en fondos y participar en otros productos financieros utilizando Ethereum y otros tokens de la plataforma.

El valor de Ethereum ha fluctuado significativamente desde su lanzamiento. En su inicio, el valor de un ether (la moneda de Ethereum) era de alrededor de $0,30. En 2021, el valor de ether alcanzó su punto máximo en más de $4.000. Como muchas criptomonedas, el valor de Ethereum es altamente volátil y puede ser influenciado por factores como la demanda del mercado, la adopción de los inversores y los cambios regulatorios.

Una de las principales diferencias entre Bitcoin y Ethereum es que Bitcoin fue diseñado principalmente como una moneda digital, mientras que Ethereum fue diseñado como una plataforma de software descentralizada. Mientras que Bitcoin es una moneda digital que se utiliza principalmente para las transacciones financieras, Ethereum es una plataforma que permite a los desarrolladores crear aplicaciones descentralizadas.

Otra diferencia importante es la forma en que se utilizan las blockchain de las dos criptomonedas. Mientras que la blockchain de Bitcoin se utiliza principalmente para registrar transacciones financieras, la blockchain de Ethereum se utiliza para ejecutar contratos inteligentes y para crear aplicaciones descentralizadas. Además, la blockchain de Ethereum se actualiza más rápidamente que la de Bitcoin, lo que permite una mayor velocidad y eficiencia en la creación de aplicaciones.

En resumen, Ethereum es una criptomoneda diseñada como una plataforma de software descentralizada que permite la creación de aplicaciones descentralizadas y contratos inteligentes. Los tokens de Ethereum se utilizan para financiar proyectos de blockchain y para crear sistemas de pago más eficientes, y la plataforma es una herramienta importante para el desarrollo de aplicaciones financieras descentralizadas. A diferencia de Bitcoin, Ethereum fue diseñado como una plataforma de software descentralizada, y su blockchain se utiliza principalmente para ejecutar contratos inteligentes y para crear aplicaciones descentralizadas.

Ripple (XRP)

XRP es una criptomoneda que fue lanzada en 2013 por la compañía Ripple Labs. También se conoce como Ripple, aunque Ripple es el nombre de la compañía que lo creó y XRP es el nombre de la criptomoneda en sí.

XRP es una criptomoneda única en el sentido de que no se basa en la tecnología blockchain como la mayoría de las otras criptomonedas, sino en un sistema de contabilidad distribuida patentado llamado Consensus Ledger de Ripple. El objetivo principal de XRP es facilitar pagos transfronterizos y transferencias de dinero en todo el mundo de manera rápida y a bajo costo.

Ripple ha establecido asociaciones con numerosos bancos y proveedores de pagos para facilitar el uso de XRP en pagos internacionales y ha desarrollado soluciones de pago basadas en XRP, como xRapid y xCurrent.

Bitcoin Cash (BCH)

Bitcoin Cash (BCH) es una criptomoneda que fue creada en 2017 como una bifurcación (fork) de la red de Bitcoin (BTC). La bifurcación se realizó con el objetivo de mejorar el funcionamiento de Bitcoin, especialmente en términos de escalabilidad y velocidad de las transacciones.

BCH aumentó el tamaño del bloque de la red de Bitcoin de 1 MB a 8 MB, lo que permite que se procesen más transacciones en cada bloque. Además, BCH utiliza el algoritmo de ajuste de dificultad de minería DAA, que permite que la red se adapte rápidamente a los cambios en la tasa de hash y evita los problemas de congestión de la red que se observan en la red de Bitcoin.

El equipo detrás de BCH tiene como objetivo hacer que la criptomoneda sea más accesible y utilizada en la vida cotidiana, lo que incluye permitir que se procesen más transacciones a velocidades más rápidas y a costos más bajos que Bitcoin. BCH también se utiliza a menudo como una alternativa a las transferencias bancarias internacionales y como una forma de enviar dinero a cualquier parte del mundo sin la necesidad de intermediarios.

Binance Coin (BNB)

Binance Coin (BNB) es una criptomoneda que se utiliza como token nativo en la plataforma de intercambio de criptomonedas Binance. Fue lanzada en 2017 por Binance, una de las bolsas de criptomonedas más grandes del mundo en términos de volumen de operaciones.

La principal función de Binance Coin es proporcionar descuentos en las tarifas de negociación en la plataforma Binance. Los usuarios que tienen BNB en su cuenta pueden utilizarlo para pagar las tarifas de negociación en lugar de utilizar otras criptomonedas, y recibirán descuentos en función de la cantidad de BNB que posean.

Además, Binance Coin se utiliza en otros servicios y productos de la plataforma Binance, como compras de tarjetas de regalo, participación en ofertas iniciales de monedas (ICO) y como forma de pago en algunos comercios que aceptan criptomonedas.

Binance Coin también se puede utilizar para operar en otras plataformas y aplicaciones descentralizadas que se han creado en la blockchain de Binance, como Binance Smart Chain.

Binance ha sido una de las bolsas de criptomonedas de mayor éxito en el mundo y Binance Coin ha experimentado un aumento significativo en su valor en los últimos años, convirtiéndose en una de las criptomonedas más importantes del mercado.

EOS (EOS)

EOS es una criptomoneda y una plataforma de software de código abierto que fue lanzada en 2018. La plataforma EOS fue desarrollada para permitir la creación de aplicaciones descentralizadas (dapps) a través de un ecosistema descentralizado.

EOS se basa en una arquitectura de contrato inteligente, similar a la de Ethereum, lo que permite a los desarrolladores crear aplicaciones descentralizadas en la plataforma. EOS también utiliza un sistema de gobernanza descentralizado que se basa en la participación de los titulares de tokens para tomar decisiones importantes en la red.

Una de las principales características de EOS es su escalabilidad. La plataforma está diseñada para procesar millones de transacciones por segundo a través de un sistema de procesamiento de transacciones paralelo. Esto significa que las aplicaciones descentralizadas que se ejecutan en la red de EOS pueden manejar un gran volumen de usuarios sin experimentar retrasos significativos.

Además, EOS utiliza un sistema de consenso de prueba de participación delegada (Delegated Proof of Stake, DPoS), que permite una mayor eficiencia y seguridad en comparación con otros sistemas de consenso de criptomonedas.

EOS también ha implementado medidas para garantizar que los desarrolladores de aplicaciones tengan acceso a los recursos que necesitan para construir sus aplicaciones. Estos recursos incluyen almacenamiento, ancho de banda y poder de cómputo.

Sin embargo, es importante tener en cuenta que EOS ha sido objeto de críticas y controversias en el pasado, particularmente en relación con la centralización de su sistema de gobernanza y la distribución de sus tokens.

Stellar (XLM)

Stellar (XLM) es una criptomoneda y una plataforma de pagos en línea de código abierto lanzada en 2014. Su objetivo principal es permitir transacciones de bajo costo y alta velocidad en todo el mundo, especialmente en regiones donde los servicios bancarios son limitados o inexistentes.

La red de Stellar funciona mediante un protocolo de consenso llamado Stellar Consensus Protocol (SCP), que utiliza una red de nodos distribuidos para validar y confirmar transacciones en la red. Esto permite a los usuarios enviar y recibir pagos de manera rápida y segura, sin depender de intermediarios como bancos o empresas de procesamiento de pagos.

Una de las características distintivas de Stellar es su enfoque en la inclusión financiera. La plataforma está diseñada para permitir que cualquier persona, en cualquier lugar del mundo, pueda participar en la economía global sin necesidad de una cuenta bancaria o de una tarjeta de crédito. Los usuarios pueden enviar y recibir pagos en diferentes monedas, lo que facilita las transacciones internacionales.

Otra característica importante de Stellar es su capacidad para emitir tokens personalizados en su red. Estos tokens pueden representar cualquier cosa, desde monedas fiduciarias hasta activos digitales o incluso derechos de voto. Los tokens se pueden usar en la plataforma Stellar para realizar pagos o para representar activos y servicios en el mundo real.

Su enfoque en la inclusión financiera y la capacidad de emitir tokens personalizados la convierten en una de las plataformas de criptomonedas más interesantes y útiles en el mercado actual.

Bitcoin SV (BSV)

Bitcoin SV (BSV) es una criptomoneda que se originó a partir de una bifurcación de la red de Bitcoin Cash en noviembre de 2018. BSV se centra en mantener la visión original de Bitcoin como un sistema de efectivo electrónico peer-to-peer, lo que significa que se enfoca en permitir transacciones rápidas y económicas a nivel global.

La principal diferencia entre BSV y otras criptomonedas, incluido el propio Bitcoin, es su tamaño de bloque. BSV aumentó el tamaño máximo de bloque de 32 MB a 128 MB, lo que significa que la red puede procesar más transacciones por segundo que Bitcoin y otras criptomonedas de gran tamaño de bloque. Según los defensores de BSV, esto la hace más escalable y adecuada para casos de uso empresarial.

Además de su tamaño de bloque, BSV también se ha centrado en desarrollar herramientas y tecnologías para hacer que las transacciones sean más fáciles y accesibles para todos. Por ejemplo, ha desarrollado la funcionalidad de transacciones tokenizadas, lo que permite a los usuarios crear tokens en la red de BSV que pueden representar cualquier cosa, desde monedas fiduciarias hasta activos digitales.

Aunque BSV ha sido respaldado por algunos miembros de la comunidad de criptomonedas, ha sido objeto de controversia y críticas. Los defensores de BSV argumentan que esta criptomoneda es más fiel a la visión original de Bitcoin, mientras que sus críticos la acusan de ser centralizada y controlada por un pequeño grupo de desarrolladores y mineros.

En resumen, Bitcoin SV es una criptomoneda que se centra en permitir transacciones rápidas y económicas a nivel global. Su enfoque en el tamaño de bloque y la funcionalidad de tokenización lo hace interesante para ciertos casos de uso empresarial, aunque también ha sido objeto de controversia y críticas en la comunidad de criptomonedas.

Cardano (ADA)

Cardano (ADA) es una plataforma de blockchain de tercera generación que utiliza un algoritmo de consenso de prueba de participación (PoS) para validar transacciones en su red. La plataforma fue creada por la Fundación Cardano, una organización sin fines de lucro que tiene como objetivo desarrollar tecnologías financieras más inclusivas y sostenibles.

Cardano se enfoca en mejorar los problemas que se presentan en las criptomonedas de primera y segunda generación, como la escalabilidad, la seguridad, la sostenibilidad y la interoperabilidad. La plataforma está diseñada para ofrecer una solución escalable y sostenible para aplicaciones descentralizadas, contratos inteligentes y pagos globales.

Cardano se divide en dos capas: la capa de liquidación (Settlement Layer) y la capa de computación (Computation Layer). La capa de liquidación maneja las transacciones de ADA y la capa de computación se encarga de los contratos inteligentes y las aplicaciones descentralizadas. Esto permite que la plataforma sea escalable y más fácil de mantener a largo plazo.

Otra característica destacada de Cardano es su enfoque en la investigación académica y la colaboración internacional. El equipo detrás de la plataforma trabaja en estrecha colaboración con académicos y expertos en criptografía de todo el mundo para desarrollar soluciones innovadoras y de vanguardia.

Además, la plataforma Cardano está liderada por el científico e ingeniero Charles Hoskinson, quien anteriormente fue uno de los cofundadores de Ethereum. Hoskinson ha ayudado a impulsar el desarrollo y la adopción de blockchain y criptomonedas durante años y se enfoca en la adopción masiva de Cardano y su ecosistema.

IOTA (MIOTA

IOTA (MIOTA) es una criptomoneda diseñada para el Internet de las cosas (IoT). En lugar de utilizar una cadena de bloques convencional, IOTA utiliza una estructura de datos llamada "Tangle", que se basa en un gráfico acíclico dirigido (DAG). El Tangle es una red de nodos interconectados, donde cada transacción debe verificar y validar dos transacciones anteriores antes de ser validada por la red. Este sistema se conoce como "prueba de trabajo" descentralizada.

El objetivo principal de IOTA es permitir transacciones de micro pagos entre dispositivos IoT de manera eficiente y segura. Además, IOTA es una plataforma de código abierto y está diseñada para ser escalable y resistente a la censura. La tecnología subyacente también permite la transferencia de datos entre dispositivos IoT de manera segura y confidencial.

Una característica única de IOTA es que no tiene tarifas de transacción. En lugar de eso, los usuarios deben validar dos transacciones anteriores para enviar una nueva transacción, lo que significa que la red puede escalar de manera más eficiente y los usuarios no tienen que pagar tarifas de transacción.

IOTA ha sido adoptada por varias empresas en diferentes sectores, como la tecnología de sensores, la energía y la movilidad. Además, la Fundación IOTA, una organización sin fines de lucro que respalda el desarrollo de la tecnología, ha establecido alianzas con varias compañías líderes en tecnología.

Monero (XMR)

Monero (XMR) es una criptomoneda descentralizada y de código abierto que se lanzó en 2014. Fue creada para proporcionar mayor privacidad y anonimato en comparación con otras criptomonedas, como Bitcoin, utilizando una tecnología llamada "firmas en anillo" para ocultar los detalles de las transacciones y mantener el anonimato de los usuarios.

A diferencia de Bitcoin, que utiliza una contabilidad pública y transparente (conocida como blockchain) para registrar todas las transacciones, Monero utiliza una contabilidad distribuida privada conocida como "Monero Blockchain". Esta blockchain mantiene la privacidad de los usuarios y los detalles de las transacciones.

Además, Monero utiliza una variedad de técnicas de privacidad para mejorar la seguridad de sus usuarios, incluyendo direcciones de monedero anónimas, mezcla de transacciones y algoritmos de minería resistentes a ASICs.

Las StableCoins – Las monedas "estables"

Las stablecoins son criptomonedas que están diseñadas para mantener un valor estable en relación con una moneda fiduciaria, como el dólar estadounidense, el euro o el yen. A diferencia de otras criptomonedas como Bitcoin y Ethereum, que son conocidas por su alta volatilidad de precios, las stablecoins están diseñadas para ser una forma de criptomoneda más estable y predecible.

Hay varios tipos de stablecoins, pero en general, todas funcionan de manera similar. Primero, una entidad emisora crea la stablecoin y la respalda con una cantidad equivalente de una moneda fiduciaria. Por ejemplo, si se crea una stablecoin respaldada por dólares estadounidenses, la entidad emisora debe tener dólares estadounidenses en reserva para respaldar el valor de la criptomoneda.

Una vez que se emite la stablecoin, los usuarios pueden comprarla y venderla como lo harían con cualquier otra criptomoneda. Sin embargo, a diferencia de otras criptomonedas, el valor de la stablecoin debería mantenerse relativamente estable en relación con la moneda fiduciaria respaldada.

Algunas de las ventajas de las stablecoins incluyen la posibilidad de utilizar criptomonedas para realizar transacciones diarias sin tener que preocuparse por la volatilidad del mercado, y la capacidad de utilizar criptomonedas para el almacenamiento de valor sin tener que preocuparse por la inflación o la devaluación de la moneda fiduciaria. Además, algunas stablecoins pueden ser utilizadas para realizar pagos transfronterizos y otras transacciones que de otra manera podrían ser difíciles o costosas de realizar.

Sin embargo, también hay algunos riesgos asociados con el uso de stablecoins. En primer lugar, la entidad emisora debe ser confiable y estar dispuesta a mantener suficientes reservas de moneda fiduciaria para respaldar la criptomoneda en todo momento. Si la entidad emisora no es confiable o no tiene suficientes reservas, la stablecoin podría perder su valor y los usuarios podrían perder su inversión.

Además, aunque las stablecoins se consideran más estables que otras criptomonedas, todavía pueden experimentar alguna volatilidad de precios. Además, algunas stablecoins pueden tener problemas para mantener su valor en tiempos de crisis económicas o financieras.

En conclusión, las stablecoins son una forma de criptomoneda diseñada para ser más estable y predecible que otras criptomonedas. Aunque tienen algunos riesgos asociados, también tienen varias ventajas, como la posibilidad de realizar transacciones diarias sin preocuparse por la volatilidad del mercado y la capacidad de utilizar criptomonedas para el almacenamiento de valor sin preocuparse por la inflación o la devaluación de la moneda fiduciaria.

Las 5 principales stablecoins

- Tether (USDT) - es el stablecoin más utilizado y su valor está anclado al dólar estadounidense en una relación 1:1. Es muy popular entre los traders y se utiliza como un refugio para mover fondos entre exchanges de criptomonedas, ya que permite evitar la volatilidad del mercado. Sin embargo, Tether ha sido objeto de críticas por su opacidad en cuanto a la auditoría de sus reservas.
- USD Coin (USDC) - es un stablecoin emitido por Circle y Coinbase. Al igual que Tether, su valor está anclado al dólar estadounidense en una relación 1:1. USDC es una alternativa

más transparente a Tether, ya que sus reservas son auditadas mensualmente por una firma de contabilidad pública.

- Binance USD (BUSD) - es un stablecoin emitido por Binance y respaldado por dólares estadounidenses. Se puede utilizar en el ecosistema Binance, incluyendo el trading de criptomonedas y la obtención de préstamos en la plataforma.
- Dai (DAI) - es un stablecoin descentralizado emitido en la red Ethereum. A diferencia de los otros stablecoins mencionados, su valor está respaldado por una cesta de criptomonedas y no por una moneda fiduciaria. Dai utiliza un sistema de sobrecolateralización para mantener su estabilidad, lo que significa que los usuarios deben depositar más criptomonedas en garantía de lo que quieren emitir en Dai.
- TrueUSD (TUSD) - es otro stablecoin respaldado por dólares estadounidenses. Al igual que USDC, sus reservas son auditadas regularmente por una firma de contabilidad pública. TrueUSD se puede utilizar para comprar otros criptoactivos o para transferencias de valor en línea.

Las Shitcoin – Las monedas "caca"

Una Shitcoin es una moneda digital sin valor real ni respaldo económico. Estas criptomonedas suelen ser creadas con el objetivo de engañar a los inversores para que compren algo que no tiene ningún valor, con la esperanza de que su precio aumente y así obtener una ganancia rápida.

Las Shitcoins no tienen un uso práctico real y su valor se basa únicamente en la especulación del mercado. Algunas de ellas pueden ser creadas por personas sin experiencia en el mundo de las criptomonedas, utilizando códigos fuente de otras criptomonedas ya existentes, con cambios mínimos para crear una nueva moneda.

Las Shitcoins suelen tener características que las hacen atractivas para los inversores, como la promesa de ganancias rápidas o el bajo precio inicial, lo que permite comprar grandes cantidades de la moneda con poco dinero. Además, algunos desarrolladores de Shitcoins utilizan técnicas de marketing agresivas, como la creación de comunidades en línea y la contratación de influencers para promocionar la moneda.

Es importante destacar que las Shitcoins son muy arriesgadas para los inversores, ya que no están respaldadas por ninguna empresa o entidad financiera y su valor puede desplomarse repentinamente. Además, las Shitcoins son comúnmente utilizadas para esquemas Ponzi, donde los primeros inversores obtienen ganancias gracias a las inversiones de los siguientes inversores, hasta que el esquema se desmorona y los últimos inversores pierden su dinero.

En resumen, una Shitcoin es una moneda digital sin valor real, que se crea con el objetivo de engañar a los inversores para que compren algo que no tiene ningún valor y con la esperanza de obtener ganancias rápidas. Las Shitcoins son muy arriesgadas para los inversores y se utilizan a menudo en esquemas Ponzi. Por lo tanto, es importante investigar cuidadosamente antes de invertir en cualquier criptomoneda y tener precaución con aquellas que parezcan demasiado buenas para ser verdad.

Ejemplos de Shitcoins

- Bitconnect (BCC): una criptomoneda que se promocionó como una forma de obtener altos rendimientos a través de un esquema de inversión piramidal. Fue acusada de ser un fraude y su valor se desplomó en 2018.
- Dogecoin (DOGE): una criptomoneda que se creó como una broma en 2013 y utiliza la imagen de un perro Shiba Inu como su logotipo. Aunque ha ganado cierta popularidad entre algunos usuarios de criptomonedas, muchos la consideran una "Shitcoin" debido a su falta de valor real y uso práctico.
- TrumpCoin (TRUMP): una criptomoneda que se lanzó en 2016 como una forma de apoyar la campaña presidencial de Donald Trump. Fue ampliamente criticada por su falta de valor real y uso práctico, y su valor se desplomó rápidamente después de su lanzamiento.
- BitBean (BITB): una criptomoneda que se promocionó como una alternativa más rápida y segura a Bitcoin, pero no logró ganar una base de usuarios significativa y su valor se desplomó.

9 criptomonedas que tuvieron un estrepitoso fracaso

A lo largo de la historia de las criptomonedas, ha habido varias monedas digitales que han fracasado. Algunas de las criptomonedas que no lograron tener éxito y ya no están en circulación incluyen:

- Bitconnect (BCC): Fue una criptomoneda que se promocionó como una forma de inversión con altos retornos, pero finalmente se reveló como un esquema Ponzi y fue cerrada por la SEC en 2018.
- OneCoin: Se promocionó como una moneda digital líder respaldada por un sistema de minería sofisticado, pero finalmente se descubrió que era un esquema Ponzi y su fundadora fue arrestada por fraude en 2019.
- PayCoin (XPY): Fue una criptomoneda que se promocionó como una forma de pago rápida y segura, pero finalmente resultó ser una estafa y su fundador fue arrestado por fraude.
- DAO: Fue una organización descentralizada autónoma que utilizó Ethereum como su plataforma, pero sufrió una vulnerabilidad en su código en 2016, lo que permitió a un hacker robar una gran cantidad de fondos y llevar a su fracaso.
- Cthulhu Offerings: Fue una criptomoneda que se promocionó como una forma de financiar proyectos de arte y literatura, pero nunca despegó y fue abandonada en 2014.
- QuarkCoin (QRK): Fue una criptomoneda que se promocionó como una alternativa más rápida y segura al Bitcoin, pero no logró ganar tracción y su valor se desplomó.
- Titcoin (TIT): Fue una criptomoneda que se promocionó como una forma de pago para la industria del entretenimiento para adultos, pero nunca logró tener éxito.
- MyBigCoin (MBC): Fue una criptomoneda que se promocionó como una forma de pago segura y anónima, pero finalmente fue acusada de fraude por la CFTC en 2018.

- CoEval (COE): Fue una criptomoneda que se promocionó como una plataforma de crowdfunding descentralizada, pero nunca despegó y fue abandonada en 2017.

Valores históricos de las 5 principales criptomonedas

A continuación, se presentan los valores históricos de las 10 criptomonedas principales por capitalización de mercado en orden descendente:

Bitcoin (BTC):

- Máximo histórico: $64,863.10 USD (14 de abril de 2021)
- Mínimo histórico: $0.06 USD (6 de febrero de 2010)

Ethereum (ETH):

- Máximo histórico: $4,356.99 USD (12 de mayo de 2021)
- Mínimo histórico: $0.42 USD (20 de octubre de 2015)

Binance Coin (BNB):

- Máximo histórico: $693.30 USD (10 de mayo de 2021)
- Mínimo histórico: $0.10 USD (8 de agosto de 2017)

Cardano (ADA):

- Máximo histórico: $2.45 USD (16 de mayo de 2021)
- Mínimo histórico: $0.02 USD (1 de octubre de 2017)

Tether (USDT):

- Máximo histórico: $1.04 USD (1 de marzo de 2021)
- Mínimo histórico: $0.78 USD (14 de octubre de 2014)

¿Cómo compro criptomonedas?

Comprar criptomonedas es un proceso relativamente sencillo, aunque puede variar según el país y la plataforma utilizada. En términos generales, estos son los pasos que se deben seguir para comprar criptomonedas:

Elegir una plataforma de intercambio: Lo primero que debes hacer es elegir una plataforma de intercambio de criptomonedas confiable. Hay muchas opciones disponibles en línea, pero es importante investigar para encontrar una que sea segura, confiable y fácil de usar. Algunas de las plataformas más populares incluyen Binance, Coinbase, Kraken y Bitstamp.

Verificación de identidad: La mayoría de las plataformas de intercambio requieren que los usuarios se verifiquen mediante un proceso de identificación para poder comprar criptomonedas. Esto generalmente incluye proporcionar información personal como nombre completo, dirección y una copia de una identificación válida.

Agregar fondos: Una vez que se haya verificado la identidad, se debe agregar fondos a la cuenta de la plataforma. Esto se puede hacer mediante una transferencia bancaria, una tarjeta de crédito o débito, o una moneda digital.

Elegir la criptomoneda a comprar: Después de agregar fondos a la cuenta, se puede elegir la criptomoneda que se desea comprar. Las opciones más populares son Bitcoin, Ethereum, Litecoin, Ripple y Bitcoin Cash, aunque algunas plataformas pueden ofrecer una selección más amplia de monedas.

Realizar la compra: Una vez que se haya elegido la criptomoneda, se debe especificar la cantidad que se desea comprar y realizar la transacción. La plataforma de intercambio generalmente cobrará una tarifa por la transacción, que puede variar según la plataforma y el método de pago utilizado.

Retirar las criptomonedas: Una vez que se haya realizado la compra, las criptomonedas se almacenarán en la cuenta de la plataforma de intercambio. Si se desea, se pueden transferir a una billetera digital o a otra plataforma de intercambio.

Para comprar criptomonedas, se debe elegir una plataforma de intercambio confiable, verificar la identidad, agregar fondos a la cuenta, elegir la criptomoneda deseada, realizar la compra y retirar las criptomonedas a una billetera digital segura. Aunque el proceso puede variar ligeramente según la plataforma y el país, estos son los pasos generales que se deben seguir para comprar criptomonedas.

Existen muchos exchanges de criptomonedas diferentes, cada uno con sus propias características y requisitos de registro. A continuación se presentan algunos de los exchanges de criptomonedas más populares:

- Binance: Es el Exchange de criptomonedas más grandes del mundo en términos de volumen de negociación. Ofrece una amplia variedad de criptomonedas para negociar, incluyendo Bitcoin, Ethereum, Ripple y muchas otras. Binance también cuenta con su propia moneda nativa, Binance Coin (BNB), que se puede utilizar para obtener descuentos en las comisiones de negociación.
- Coinbase: Es uno de los exchanges de criptomonedas más populares y reconocidos a nivel mundial. Es conocido por su facilidad de uso y su interfaz amigable para los principiantes.

Coinbase ofrece una variedad de criptomonedas, incluyendo Bitcoin, Ethereum, Litecoin y otras.

- Kraken: Es uno de los exchanges de criptomonedas más antiguos en funcionamiento. Ofrece una amplia variedad de criptomonedas para negociar, así como la posibilidad de negociar con margen. Kraken es conocido por sus altos estándares de seguridad y su enfoque en la privacidad.
- Bittrex: Otro exchange de criptomonedas que ofrece una amplia variedad de criptomonedas para negociar. También es conocido por sus altos estándares de seguridad y por su enfoque en la privacidad.
- Bitfinex: Otro exchange de criptomonedas que se enfoca en el trading avanzado y ofrece herramientas de negociación avanzadas para los usuarios. Ofrece una amplia variedad de criptomonedas para negociar, así como la posibilidad de negociar con margen.
- Huobi: Uno de los exchanges de criptomonedas más grandes de Asia, pero también es popular en otros lugares del mundo. Ofrece una amplia variedad de criptomonedas para negociar, incluyendo Bitcoin, Ethereum, Ripple y muchas otras.
- Gemini: Un exchange de criptomonedas fundado por los famosos hermanos Winklevoss. Ofrece una variedad de criptomonedas para negociar, incluyendo Bitcoin, Ethereum, Litecoin y otras. Gemini es conocido por sus altos estándares de seguridad y cumplimiento regulatorio.

Exchanges centralizados y descentralizados

Los exchanges son plataformas en las que los usuarios pueden comprar, vender y almacenar criptomonedas. Existen dos tipos principales de exchanges: los exchanges centralizados y los exchanges descentralizados. A continuación se explican las diferencias entre ellos y se mencionan los 5 más importantes de cada tipo.

Exchange centralizado

Los exchanges centralizados son aquellos que son administrados por una entidad centralizada, como una empresa o una organización. Los usuarios depositan sus criptomonedas en la plataforma y la empresa gestiona las operaciones de compra, venta y almacenamiento de criptomonedas. Los exchanges centralizados suelen tener una interfaz más amigable y ofrecer una mayor liquidez, ya que tienen un mayor número de usuarios y transacciones. Sin embargo, también son más vulnerables a los ataques de hackers y a las acciones de la empresa que los gestiona.

Los 3 exchanges centralizados más importantes y que anteriormente hemos ya hablado de ellos son:

- Binance
- Coinbase
- Kraken

Exchange descentralizado

Los exchanges descentralizados son aquellos que no tienen una entidad centralizada que gestiona las operaciones. En su lugar, utilizan contratos inteligentes en una cadena de bloques para automatizar y ejecutar las operaciones de intercambio de criptomonedas. Los usuarios mantienen el control de sus propias criptomonedas y realizan operaciones de intercambio directamente con otros usuarios, sin la necesidad de una autoridad central. Los exchanges descentralizados ofrecen una mayor privacidad y seguridad, pero pueden tener una menor liquidez y una interfaz más compleja.

Los 3 exchanges descentralizados más importantes son:

- Uniswap: Basado en la cadena de bloques Ethereum, Uniswap es uno de los exchanges descentralizados más populares del mundo. Ofrece una amplia variedad de criptomonedas y una interfaz amigable.
- PancakeSwap: Basado en la cadena de bloques Binance Smart Chain, PancakeSwap es uno de los exchanges descentralizados más populares del mundo. Ofrece una amplia variedad de criptomonedas y una interfaz amigable.
- SushiSwap: Basado en la cadena de bloques Ethereum, SushiSwap es uno de los exchanges descentralizados más populares del mundo. Ofrece una amplia variedad de criptomonedas y una interfaz más compleja.

Los Exchanges más caros en comisiones

Las tarifas de los exchanges pueden variar dependiendo de la ubicación geográfica del usuario, el par de criptomonedas que se esté intercambiando y otros factores. Sin embargo, aquí hay algunos exchanges conocidos que tienden a tener tarifas más altas en comparación con otros:

- Bitfinex - Las tarifas de trading pueden variar desde el 0,1% hasta el 0,2% para los traders con volúmenes más bajos y el 0,05% hasta el 0,1% para los traders con mayores volúmenes.
- BitMEX - Las tarifas de trading pueden variar desde el 0,075% hasta el 0,25%, dependiendo del par de criptomonedas y el tipo de orden.
- Bittrex - Las tarifas de trading pueden variar desde el 0,25% hasta el 0,75% dependiendo del par de criptomonedas que se intercambie.
- Poloniex - Las tarifas de trading pueden variar desde el 0,09% hasta el 0,15% para los traders con volúmenes más bajos y el 0,04% hasta el 0,08% para los traders con mayores volúmenes.
- Kraken - Las tarifas de trading pueden variar desde el 0,16% hasta el 0,26%, dependiendo del par de criptomonedas y el volumen de trading.
- Coinbase Pro - Las tarifas de trading pueden variar desde el 0,04% hasta el 0,5%, dependiendo del par de criptomonedas y el volumen de trading.
- Gemini - Las tarifas de trading pueden variar desde el 0,35% hasta el 1%, dependiendo del par de criptomonedas y el volumen de trading.
- OKEx - Las tarifas de trading pueden variar desde el 0,05% hasta el 0,15%, dependiendo del par de criptomonedas y el volumen de trading.
- Huobi - Las tarifas de trading pueden variar desde el 0,02% hasta el 0,2%, dependiendo del par de criptomonedas y el volumen de trading.

Binance, el líder de los exchanges

Binance es el exchange de criptomonedas más grande y populares del mundo.

Fue fundado en China en 2017 por Changpeng Zhao, un empresario con experiencia en el mundo de las criptomonedas. Desde entonces, Binance se ha expandido rápidamente para convertirse en uno de los exchanges de criptomonedas más influyentes del mundo, con una amplia gama de criptomonedas disponibles para el comercio.

Otra de las características distintivas de Binance es su amplia gama de criptomonedas. La plataforma ofrece más de 300 criptomonedas diferentes para el comercio, lo que la convierte en una de las opciones más completas en el mercado de las criptomonedas. Entre las criptomonedas disponibles en Binance se encuentran Bitcoin, Ethereum, Ripple, Litecoin, Bitcoin Cash y muchas más.

Además de su amplia gama de criptomonedas, Binance también ofrece una variedad de herramientas avanzadas para los traders experimentados. Esto incluye gráficos de precios en tiempo real, órdenes avanzadas y funciones de análisis técnico. También ofrece una API para que los desarrolladores de software puedan integrar la plataforma de Binance en sus aplicaciones.

Otra característica importante de Binance son sus bajas comisiones. Binance cobra una comisión del 0,1% por cada operación, lo que es significativamente más bajo que la mayoría de los otros exchanges de criptomonedas. Además, Binance también ofrece descuentos en las comisiones a los usuarios que tienen grandes volúmenes de comercio o que utilizan la criptomoneda nativa de la plataforma, Binance Coin.

Binance también ha sido un pionero en el desarrollo de tecnologías de cadena de bloques. La compañía ha lanzado su propia cadena de bloques, Binance Chain, que permite la creación y emisión de tokens personalizados. Además, Binance ha lanzado su propia criptomoneda nativa, Binance Coin (BNB), que se utiliza para pagar las comisiones de comercio en la plataforma y para recibir descuentos en las comisiones.

El cementerio de exchanges

Según el Cementerio de Exchanges de Criptomonedas, al menos 75 exchanges han cerrado por diversas razones, incluyendo hackeos, estafas y desapariciones inexplicables desde 2020. Cinco de los exchanges se etiquetaron como estafas y cuatro como hackeados. La mayoría de los exchanges cerrados lo hicieron voluntariamente o simplemente desaparecieron sin explicación.

Entre las macrotendencias que pueden explicar la creciente cantidad de cierres de exchanges, se encuentra el auge de los exchanges descentralizados y el sector DeFi. Estas tendencias han sido la puntilla para muchas operaciones más pequeñas. Además, la presión regulatoria ha aumentado y muchos exchanges no han podido mantenerse al día con los requisitos. Los fraudes y las estafas también son problemas crecientes en la industria.

Dos exchanges de alto perfil que actualmente enfrentan problemas son BitMEX y KuCoin. BitMEX enfrenta cargos criminales por violaciones de la regulación bancaria, lo que ha llevado a la empresa de seguridad Chainalysis a calificarlo como de "alto riesgo". Además, algunos traders parecen desconfiar de la viabilidad futura de BitMEX, ya que más de USD 500 millones de BTC se han retirado del exchange. Por su parte, KuCoin sufrió un hackeo de

USD 200 millones a finales de septiembre, pero ha tratado de tranquilizar a los usuarios emitiendo actualizaciones de seguridad.

Sin embargo, los exchanges de criptomonedas no son las únicas entidades que han desaparecido. Según deadcoins.com, hay casi 2,000 altcoins y tokens que ya no existen. Esto demuestra que la industria de las criptomonedas es altamente volátil y que hay un alto riesgo asociado con las inversiones en criptomonedas.

Es importante destacar que la regulación en el mundo de las criptomonedas está en constante evolución. Si bien la falta de regulación ha sido una de las características distintivas de la industria de las criptomonedas, esto está cambiando a medida que los gobiernos de todo el mundo intentan establecer reglas claras para proteger a los inversores y prevenir fraudes y estafas. Los exchanges que no cumplan con las regulaciones podrían enfrentar sanciones y cierres forzados.

¿Qué es el KYC en un Exchange?

KYC son las siglas de "Know Your Customer" (Conoce a tu cliente). Se trata de un proceso mediante el cual los exchanges de criptomonedas verifican la identidad de sus usuarios para asegurarse de que cumplen con las leyes y regulaciones contra el lavado de dinero y el financiamiento del terrorismo.

El KYC es un requisito común en la industria de las criptomonedas, ya que los gobiernos y los reguladores están preocupados por la posibilidad de que se utilice el anonimato y la falta de regulación de las criptomonedas para fines ilegales. Los exchanges de criptomonedas tienen la responsabilidad de evitar que su plataforma se utilice para actividades ilícitas.

El proceso de KYC generalmente incluye la recopilación de información personal del usuario, como su nombre completo, dirección, número de identificación, y otra información que pueda ser requerida por la regulación local. Los usuarios también pueden necesitar proporcionar documentos que verifiquen su identidad, como una copia de su pasaporte o una identificación nacional. Algunos exchanges también pueden requerir una selfie del usuario sosteniendo su identificación para verificar que el usuario es quien dice ser.

Una vez que se completa el proceso de KYC, el usuario puede acceder a todas las funciones del exchange, incluyendo la compra y venta de criptomonedas. Es importante destacar que el KYC es un proceso necesario para garantizar la seguridad y legalidad de las operaciones en el Exchange,

La seguridad ante todo, autentificación de doble factor

La autenticación de dos factores (2FA) es un método de seguridad que requiere que los usuarios proporcionen dos formas de identificación para acceder a una cuenta en línea, en lugar de solo una contraseña. Esto se hace para aumentar la seguridad de la cuenta al agregar una capa adicional de protección contra el acceso no autorizado.

El primer factor de autenticación es generalmente la contraseña que el usuario ingresa al iniciar sesión. El segundo factor puede ser una serie de preguntas de seguridad, un código de verificación enviado por correo electrónico o mensaje de texto, una huella digital o reconocimiento facial, una tarjeta inteligente, entre otros. La combinación de estos dos factores proporciona una mayor seguridad en comparación con el uso de una sola contraseña.

Existen varios tipos de software de autenticación que brindan la funcionalidad de 2FA, algunos de los principales son:

- Google Authenticator: es una aplicación móvil gratuita que genera códigos de verificación de tiempo basados en una clave compartida entre la aplicación y el servicio en línea. Se utiliza para proteger cuentas de Google, Amazon Web Services, Microsoft, entre otros. Se estima que tiene más de 100 millones de usuarios.
- Microsoft Authenticator: es una aplicación móvil que se puede utilizar para proteger cuentas de Microsoft, así como de otros servicios en línea. Proporciona códigos de verificación, notificaciones push y reconocimiento facial o huella digital para una autenticación más segura. Tiene más de 10 millones de usuarios.

- Authy: es una aplicación gratuita que proporciona una experiencia de autenticación de dos factores sencilla y segura. Es compatible con una gran cantidad de servicios y plataformas, y permite la sincronización de dispositivos y la copia de seguridad de claves en la nube. Tiene más de 5 millones de usuarios.

Es importante destacar que el número de usuarios de cada software de autenticación no es necesariamente un indicador de su calidad o seguridad, sino más bien de su popularidad y adopción por parte de los usuarios. Es posible que haya otros software de autenticación que no tienen una gran cantidad de usuarios pero que son igualmente efectivos y seguros.

Las billeteras frías

Las billeteras frías, también conocidas como cold wallets o wallets de almacenamiento en frío, son una forma segura de almacenar criptomonedas sin estar expuestas a la red y posibles ataques de hackers. Las billeteras frías son dispositivos físicos que almacenan las claves privadas de las criptomonedas, lo que permite a los usuarios tener un mayor control sobre su dinero.

A diferencia de las billeteras calientes o hot wallets, que están conectadas a Internet y pueden ser hackeadas, las billeteras frías no están conectadas a la red y por lo tanto son más seguras. Al usar una billetera fría, los usuarios pueden almacenar sus criptomonedas de forma segura y protegerlas de robos, virus y otras amenazas.

Las billeteras frías funcionan mediante la generación de una clave privada fuera de línea, que luego se almacena en el dispositivo físico. La clave privada es un código secreto que permite acceder a la criptomoneda almacenada en la billetera. Los usuarios pueden enviar y recibir criptomonedas a través de la billetera fría, pero deben conectar el dispositivo a un ordenador o dispositivo móvil para hacerlo. Una vez que se ha completado la transacción, el dispositivo se desconecta de la red, lo que asegura la privacidad y seguridad de la billetera fría.

__No keys no coins__, es una frase muy popular en el mundo cripto, si no tienes tus claves privadas realmente no tienes tus monedas si no que la tiene un exchange.

Billeteras frías más populares

- Ledger Nano S y Ledger Nano X: son billeteras frías populares y ampliamente utilizadas, que ofrecen una alta seguridad y un proceso de configuración sencillo. Permiten almacenar una variedad de criptomonedas y se pueden conectar a una computadora mediante un cable USB.
- Trezor Model T: otra opción popular es la billetera fría Trezor Model T, que es fácil de usar y ofrece una gran variedad de características de seguridad. Permite almacenar una gran cantidad de criptomonedas y se puede conectar a una computadora mediante un cable USB.
- KeepKey: esta billetera fría también ofrece una buena seguridad y es compatible con una amplia gama de criptomonedas. Tiene una pantalla grande y fácil de leer, lo que facilita la lectura de las transacciones.
- Coldcard: es una billetera fría enfocada en la privacidad y la seguridad, que tiene una pantalla pequeña y es compatible con una amplia variedad de criptomonedas.

Es importante recordar que, independientemente de la billetera fría que se utilice, siempre se deben tomar medidas adicionales de seguridad, como guardar las claves privadas en un lugar seguro y no compartir información personal con terceros.

Billeteras en el móvil

Una billetera de criptomonedas en el móvil, también conocida como monedero digital o wallet, es una aplicación que permite a los usuarios almacenar, enviar y recibir criptomonedas a través de sus dispositivos móviles.

En términos generales, una billetera de criptomonedas funciona de la siguiente manera:

Descarga de la aplicación: El primer paso para utilizar una billetera de criptomonedas en el móvil es descargar la aplicación correspondiente. Hay muchas opciones disponibles, por lo que es importante elegir una billetera que sea segura y confiable.

Creación de la cuenta: Una vez descargada la aplicación, el usuario debe crear una cuenta en la billetera. Esto implica proporcionar información básica como un nombre de usuario y una contraseña. Algunas billeteras también pueden requerir verificación de identidad adicional para asegurar la seguridad del usuario.

Almacenamiento de criptomonedas: Una vez creada la cuenta, el usuario puede comenzar a almacenar sus criptomonedas en la billetera. Para hacer esto, simplemente se debe seleccionar la criptomoneda deseada (por ejemplo, Bitcoin, Ethereum, Litecoin) y luego generar una dirección de billetera para esa moneda. Esta dirección es una combinación única de letras y números que se utiliza para recibir criptomonedas.

Enviar y recibir criptomonedas: Una vez que la billetera está configurada y se ha almacenado una cantidad de criptomonedas en ella, el usuario puede enviar y recibir criptomonedas. Para enviar criptomonedas, el usuario debe ingresar la dirección de billetera del destinatario y la cantidad que desea enviar. Para recibir criptomonedas, el usuario debe proporcionar su propia dirección de billetera al remitente.

Es importante tener en cuenta que las transacciones de criptomonedas son irreversibles y, por lo tanto, es crucial verificar que la dirección de la billetera del destinatario sea correcta antes de enviar cualquier cantidad de criptomoneda.

Algunas billeteras de criptomonedas también incluyen funciones adicionales, como la capacidad de comprar criptomonedas con moneda fiduciaria (como dólares o euros) o intercambiar criptomonedas entre sí.

¿Qué es una billetera Bitcoin en papel?

Una billetera en papel de Bitcoin es una forma de almacenar tus criptomonedas de forma segura fuera de línea. Esencialmente, es un documento físico que contiene la información necesaria para acceder y transferir Bitcoin. Esta información incluye una clave privada, que es necesaria para firmar transacciones y gastar Bitcoin, y una clave pública, que se utiliza para recibir Bitcoin.

Para crear una billetera en papel de Bitcoin, puedes generar una clave privada y una clave pública utilizando un generador de claves en línea o una aplicación especializada. A continuación, puedes imprimir las claves en un trozo de papel y guardar la hoja en un lugar seguro.

Para utilizar una billetera en papel de Bitcoin, simplemente debes ingresar la clave privada en un software de billetera en línea o una aplicación de escritorio. Luego, puedes enviar Bitcoin desde tu billetera en papel a cualquier otra dirección de Bitcoin.

Es importante tener en cuenta que las billeteras en papel de Bitcoin tienen algunas limitaciones y riesgos. Por ejemplo, si pierdes el papel que contiene la clave privada, perderás el acceso a tus fondos de Bitcoin. Además, si alguien más obtiene acceso a tu clave privada, puede robar tus fondos. Por lo tanto, es importante mantener tu billetera en papel en un lugar seguro y no compartir la información con nadie.

¿Qué son Metamask y Binance Smart Chain?

Metamask es una extensión de navegador que permite a los usuarios interactuar con aplicaciones descentralizadas basadas en la tecnología blockchain, Es una billetera digital que funciona como un puente entre el navegador web del usuario y la blockchain de Ethereum, permitiéndole realizar transacciones y gestionar sus activos digitales.

Binance Smart Chain, por otro lado, es una cadena de bloques (blockchain) desarrollada por Binance, uno de los principales exchanges de criptomonedas del mundo. Es una cadena de bloques paralela a la cadena de bloques principal de Binance (Binance Chain), que se centra en proporcionar una mayor capacidad de procesamiento y capacidad de programación

Metamask y Binance Smart Chain se relacionan en el sentido de que Metamask es compatible con la Binance Smart Chain, lo que significa que los usuarios pueden usar Metamask para conectarse a la Binance Smart Chain y gestionar sus tokens personalizados y otros activos digitales basados en la Binance Smart Chain.

¿Quieres tener tu propia criptomoneda?

Binance es una plataforma de intercambio de criptomonedas que permite a los usuarios crear su propia criptomoneda a través de Binance Smart Chain.

Es importante tener en cuenta que la creación de una criptomoneda en Binance requiere una comprensión sólida de la tecnología blockchain y la criptomoneda, y también puede implicar riesgos y costos asociados con la emisión y distribución de un token.

Puedes encontrar más información en la página oficial de Binance sobre como crear tu propia criptomoneda:

https://academy.binance.com/es/articles/how-to-create-your-own-cryptocurrency

¿Quieres invertir?

ATENCIÓN: Esto no es un consejo de inversión ni asesoría financiera, invierte solo el capital que te puedas permitir perder, no te endeudes para invertir en criptomonedas.

Antes de invertir en criptomonedas, es importante que los inversores aprendan del pasado reciente. El mercado de criptomonedas es muy volátil y ha experimentado numerosos altibajos en los últimos años. A continuación, se presentan algunas lecciones importantes que los inversores deben tener en cuenta al considerar invertir en criptomonedas:

- Las criptomonedas son extremadamente volátiles: el valor de las criptomonedas puede fluctuar ampliamente en un corto período de tiempo, lo que significa que los inversores pueden experimentar ganancias o pérdidas significativas en un corto período de tiempo.
- Los fraudes y estafas son comunes: el mercado de criptomonedas ha experimentado numerosos fraudes y estafas en los últimos años, incluyendo esquemas Ponzi, intercambios fraudulentos y proyectos que se promocionan como criptomonedas pero que no tienen valor real.
- La regulación es incierta: los reguladores gubernamentales aún están tratando de descubrir cómo abordar el mercado de criptomonedas y la falta de regulación significa que los inversores pueden estar expuestos a riesgos que no existen en otros mercados financieros.
- La diversificación es clave: invertir en varias criptomonedas y activos puede ayudar a mitigar el riesgo de pérdida.

Formatos de inversión

ICO, STO, e IEO son diferentes formatos de inversión que se utilizan en el ámbito de las criptomonedas y las cadenas de bloques. Cada uno tiene características y objetivos específicos. A continuación, describiré brevemente cada uno de ellos:

- ICO (Initial Coin Offering): se trata de un modelo de financiamiento que se utiliza para recaudar fondos para un proyecto en particular. En una ICO, los inversores reciben tokens a cambio de su inversión. Estos tokens pueden tener valor económico y se pueden negociar en intercambios de criptomonedas. Las ICO se han utilizado en el pasado para financiar proyectos de criptomonedas y cadenas de bloques.
- STO (Security Token Offering): se refiere a una oferta de tokens que se utilizan como valores mobiliarios. A diferencia de los tokens que se ofrecen en una ICO, los tokens de seguridad están respaldados por activos reales, como acciones, bonos o bienes raíces. Los STO están sujetos a regulaciones de valores, y los emisores deben cumplir con los requisitos de los organismos reguladores.
- IEO (Initial Exchange Offering): es una forma de financiamiento que se lleva a cabo en una plataforma de intercambio de criptomonedas. En un IEO, los tokens se ofrecen directamente a los usuarios de la plataforma de intercambio, y el intercambio actúa como intermediario entre el emisor y los inversores. Los IEO suelen ser más seguros que las ICO, ya que el intercambio ha evaluado previamente al emisor y el proyecto.
- DCA (Dollar Cost Averaging) es una estrategia de inversión que consiste en invertir una cantidad fija de dinero en un activo determinado en intervalos regulares, independientemente del precio de mercado del activo en ese momento. Por ejemplo, si alguien decide invertir $100 en Bitcoin cada semana, esté el precio del Bitcoin alto o bajo, está aplicando la estrategia DCA. El objetivo de esta

estrategia es reducir el riesgo de invertir una gran cantidad de dinero en un activo en un solo momento y a un precio elevado. DCA permite al inversor promediar el costo de su inversión a lo largo del tiempo, lo que significa que en promedio pagará un precio más bajo por sus activos a lo largo del tiempo.

El trading en criptomonedas

El trading en criptomonedas es una actividad financiera en la que se compran y venden criptomonedas con el objetivo de obtener ganancias. A diferencia de otras formas de inversión, el trading en criptomonedas se realiza a través de plataformas especializadas en intercambio de criptomonedas, conocidas como exchanges.

El trading en criptomonedas es similar al trading en otros mercados financieros, como el mercado de acciones o el mercado de divisas. Los traders buscan comprar una criptomoneda a un precio bajo y venderla a un precio más alto, obteniendo así una ganancia en la diferencia entre los precios de compra y venta. Este proceso se realiza mediante la realización de operaciones de compra y venta en un exchange.

Existen diferentes estrategias de trading en criptomonedas, incluyendo el trading a corto plazo (day trading) y el trading a largo plazo (hold). El day trading implica comprar y vender criptomonedas en un corto período de tiempo, generalmente en el transcurso de un día, con el objetivo de obtener ganancias en base a las fluctuaciones de precios a corto plazo. El hold, por otro lado, implica comprar y mantener una criptomoneda durante un período de tiempo más prolongado, con el objetivo de obtener ganancias a largo plazo en base a la apreciación del valor de la criptomoneda a medida que se desarrolla.

El trading en criptomonedas es una actividad de alto riesgo debido a la volatilidad de los precios. Los precios de las criptomonedas pueden cambiar drásticamente en un corto período de tiempo debido a factores como la adopción de la criptomoneda por parte de los inversores institucionales, los anuncios de nuevas regulaciones y los cambios en la tecnología subyacente de la criptomoneda. Por lo tanto, los traders deben estar dispuestos a asumir el riesgo y estar preparados para manejar la volatilidad del mercado.

Al igual que con cualquier forma de inversión, los traders en criptomonedas deben tener un plan de gestión de riesgos y estar dispuestos a asumir las pérdidas en caso de que el mercado se mueva en su contra. La diversificación de la cartera de criptomonedas es una forma común de minimizar el riesgo en el trading en criptomonedas.

¿Qué es el Psicotrading?

El Psicotrading es un enfoque del trading que se centra en la psicología del inversor y cómo sus emociones y pensamientos pueden afectar sus decisiones de inversión y, por lo tanto, el resultado de sus operaciones.

El Psicotrading se basa en la premisa de que el trading exitoso no se trata solo de tener una estrategia sólida, sino también de tener una mentalidad disciplinada y emocionalmente estable. Los traders que practican el Psicotrading buscan comprender sus propias emociones y pensamientos al tomar decisiones de inversión, y buscan estrategias para mantenerse disciplinados y centrados en su plan de trading.

La disciplina es un aspecto clave del Psicotrading. Los traders que practican este enfoque deben ser capaces de mantenerse fieles a su plan de trading, incluso cuando el mercado se mueve en contra de ellos o cuando se sienten tentados a tomar decisiones emocionales. Los traders exitosos en el Psicotrading también buscan establecer objetivos realistas y mantener una mentalidad positiva y constructiva, incluso en momentos de incertidumbre y estrés.

Además, los traders que practican el Psicotrading deben ser capaces de controlar sus emociones y pensamientos cuando se encuentran en situaciones de alta presión. Por ejemplo, si una operación no sale como se esperaba, los traders pueden sentir miedo o frustración, lo que puede llevarlos a tomar decisiones impulsivas o emocionales.

¿Qué es un bot de trading?

Un bot de trading es un software automatizado que utiliza algoritmos y reglas predefinidas para ejecutar órdenes de compra y venta en los mercados financieros, incluyendo el mercado de criptomonedas. Los bots de trading pueden realizar diferentes funciones, desde la ejecución de estrategias simples hasta la implementación de estrategias complejas que implican análisis técnico y fundamental.

Los bots de trading se utilizan para automatizar el proceso de negociación y, a menudo, se utilizan para tomar decisiones de inversión rápidas y eficientes. Un bot de trading de criptomonedas puede ejecutar órdenes de compra y venta de criptomonedas en función de reglas simples, como los niveles de precios de los activos subyacentes y la identificación de oportunidades de arbitraje.

La principal ventaja de los bots de trading de criptomonedas es que pueden operar 24 horas al día, 7 días a la semana, sin necesidad de intervención humana. Esto permite a los inversores aprovechar las oportunidades del mercado de criptomonedas en tiempo real y sin retraso. Además, los bots de trading pueden ejecutar órdenes de manera rápida y eficiente, lo que reduce la posibilidad de errores humanos

Otra ventaja de los bots de trading de criptomonedas es que pueden ayudar a los inversores a controlar el riesgo de sus operaciones. Algunos bots de trading están diseñados para minimizar el riesgo de una operación mediante la utilización de stop loss y otras herramientas de gestión de riesgos. Los stop loss son órdenes que se activan automáticamente cuando el precio de un activo cae a un nivel específico, lo que ayuda a limitar las pérdidas en una operación.

Por otro lado, hay que tener en cuenta que los bots de trading de criptomonedas no son infalibles y que pueden tener algunas limitaciones. Por ejemplo, los bots de trading pueden ser menos efectivos en un mercado volátil o cuando ocurren eventos imprevistos, como la aparición de noticias que afectan al mercado. Además, algunos bots de trading pueden ser víctimas de problemas técnicos, como fallos de conectividad o de hardware.

Para conectar un bot con una plataforma debe realizarse a través de una API.

Una API (Application Programming Interface) es un conjunto de protocolos, herramientas y subrutinas que permiten a los desarrolladores de software crear aplicaciones que se comuniquen con un sistema o servicio externo. En el caso de los exchanges de criptomonedas, las APIs permiten a los desarrolladores de software conectarse a la plataforma del exchange y realizar operaciones de compra y venta de criptomonedas de forma automatizada.

Existen numerosos exchanges de criptomonedas que permiten a los usuarios instalar bots de trading en su plataforma. Aquí te menciono algunos de los exchanges más populares que ofrecen la posibilidad de utilizar bots de trading:

- Binance: Cuenta con una API que permite a los usuarios desarrollar bots de trading personalizados.
- Kraken: La API de Kraken es conocida por ser muy sólida y estable.
- Bitfinex: API muy completa que permite a los usuarios desarrollar bots de trading personalizados. Los usuarios pueden utilizar diferentes lenguajes de programación para desarrollar su bot de trading.
- Coinbase Pro: API para desarrolladores que permite a los usuarios crear bots de trading personalizados. La plataforma también ofrece herramientas de gestión de carteras y seguimiento de precios en tiempo real.

- Bittrex: API completa para que los usuarios puedan desarrollar bots de trading personalizados. La plataforma también cuenta con una interfaz de usuario fácil de usar y herramientas avanzadas de gráficos.
- BitMEX: API sólida y completa que permite a los usuarios desarrollar bots de trading personalizados.

Estos son solo algunos de los exchanges de criptomonedas que permiten a los usuarios instalar bots de trading en su plataforma. Sin embargo, es importante tener en cuenta que cada exchange puede tener diferentes reglas y políticas con respecto al uso de bots de trading, por lo que es importante leer cuidadosamente los términos y condiciones de cada plataforma antes de utilizar un bot de trading. Además, es importante tener en cuenta que el uso de bots de trading puede implicar riesgos, por lo que es importante utilizarlos con precaución y siempre gestionar adecuadamente el riesgo de las operaciones.

¿Qué es el arbitraje en criptomonedas?

El arbitraje de criptomonedas es una estrategia de inversión popular en el mundo de las criptomonedas que busca obtener ganancias aprovechando las diferencias de precios entre diferentes plataformas de intercambio. En términos simples, se trata de comprar una criptomoneda en un exchange donde tiene un precio más bajo y venderla en otro donde se cotiza a un precio más alto.

El arbitraje de criptomonedas puede ser una forma efectiva de obtener ganancias en el mercado de criptomonedas si se realiza de manera adecuada. Sin embargo, es importante tener en cuenta que esta actividad no está exenta de riesgos y puede ser vulnerable a fraudes y estafas.

La mecánica del arbitraje de criptomonedas es sencilla. Consiste en comprar una criptomoneda en un exchange donde se cotiza a un precio más bajo y venderla en otro donde se cotiza a un precio más alto. La diferencia de precios entre los dos exchanges se convierte en ganancias para el inversor. Para lograr esto, es necesario realizar una investigación previa y monitorear continuamente los precios en diferentes exchanges.

Es importante tener en cuenta que las criptomonedas son extremadamente volátiles y sus precios pueden cambiar rápidamente. Por lo tanto, el arbitraje de criptomonedas puede requerir un alto nivel de experiencia y habilidad para tomar decisiones rápidas y precisas.

El arbitraje de criptomonedas también puede estar sujeto a ciertos riesgos, como el riesgo de contraparte y el riesgo de liquidez. El riesgo de contraparte se refiere al riesgo de que una de las partes involucradas en la transacción no cumpla con sus obligaciones, mientras que el riesgo de liquidez se refiere al riesgo de no poder vender la criptomoneda en un exchange determinado debido a la falta de compradores o vendedores.

A pesar de estos riesgos, el arbitraje de criptomonedas puede ser una forma efectiva de obtener ganancias en el mercado de criptomonedas. Sin embargo, es importante tener en cuenta que esta actividad también puede ser vulnerable a fraudes y estafas. Por lo tanto, es importante realizar una investigación previa antes de involucrarse en cualquier actividad de arbitraje de criptomonedas.

10 consejos para tener éxito en el arbitraje de criptomonedas:

Familiarízate con el mercado: antes de comenzar a realizar arbitrajes, es importante entender cómo funciona el mercado de criptomonedas, sus riesgos y oportunidades.

- Conoce las distintas formas de arbitraje: existen varias formas de realizar arbitraje, tales como el arbitraje de riesgo, el de oportunidad y el de intercambio.
- Investiga los exchanges: para encontrar oportunidades de arbitraje, es necesario investigar los exchanges y conocer sus políticas y comisiones.
- Realiza cálculos precisos: es fundamental realizar cálculos precisos para determinar si una oportunidad de arbitraje es rentable.
- Utiliza herramientas de seguimiento: existen diversas herramientas de seguimiento de precios y alertas de arbitraje que pueden ser de gran ayuda.
- Establece límites de tiempo: el arbitraje de criptomonedas puede ser una estrategia muy efectiva, pero también puede ser arriesgada. Establecer límites de tiempo para cerrar una operación puede ayudar a reducir los riesgos.
- Controla tus emociones: el mercado de criptomonedas puede ser volátil y emocionante.
- Considera los costos: los costos de transacción y comisiones pueden ser altos.
- Mantén un registro de tus operaciones: llevar un registro de tus operaciones de arbitraje puede ayudarte a identificar patrones y errores, lo que te permitirá mejorar tus estrategias.
- Mantente actualizado: el mercado de criptomonedas es dinámico y está en constante evolución,

¿Se puede ganar dinero prestando criptomonedas?

Sí, es posible ganar dinero prestando criptomonedas a través de servicios de préstamos de criptomonedas. Estos servicios permiten a los usuarios prestar sus criptomonedas a otros usuarios a cambio de una tasa de interés, que puede ser fija o variable. Los préstamos de criptomonedas son similares a los préstamos tradicionales, pero en lugar de prestar dinero fiduciario, los usuarios prestan criptomonedas.

Los servicios de préstamos de criptomonedas suelen ser ofrecidos por exchanges y plataformas de criptomonedas que conectan a los prestatarios con los prestamistas. Los prestatarios pueden ser traders o inversores que necesitan criptomonedas adicionales para operar en el mercado o para financiar un proyecto, mientras que los prestamistas son aquellos que tienen criptomonedas adicionales y desean obtener una ganancia mediante el préstamo de sus fondos.

El proceso para prestar criptomonedas es relativamente sencillo. Los usuarios pueden depositar sus criptomonedas en una billetera específica de préstamos en la plataforma de préstamos. Los prestatarios pueden solicitar préstamos con una cierta cantidad de criptomonedas como garantía, y los prestamistas pueden decidir si desean prestar sus fondos a esa solicitud y la tasa de interés que desean cobrar. Una vez que se llega a un acuerdo, los fondos se transfieren al prestatario y el prestatario reembolsa el préstamo en un plazo determinado con los intereses correspondientes.

Es importante tener en cuenta que el préstamo de criptomonedas conlleva riesgos, como el riesgo de impago y el riesgo de mercado. Además, la regulación en torno a los préstamos de criptomonedas puede variar según la jurisdicción. Por lo tanto, es importante investigar y entender los riesgos y regulaciones antes de participar en un servicio de préstamos de criptomonedas.

Los errores más comunes del principiante

Los errores más comunes que cometen los principiantes en criptomonedas incluyen:

- No investigar lo suficiente: muchos principiantes invierten en criptomonedas sin hacer una investigación adecuada. Es importante comprender cómo funciona la tecnología blockchain, cómo se valoran las criptomonedas y cómo funcionan los intercambios antes de invertir.
- No diversificar: otro error común es no diversificar su cartera de criptomonedas. Es importante invertir en varias criptomonedas en lugar de concentrarse en una sola, ya que esto puede reducir el riesgo.
- Operar basándose en rumores o emociones: los principiantes a menudo se dejan llevar por rumores o noticias sin verificarlas adecuadamente, lo que puede llevar a decisiones de inversión incorrectas. También es común que los principiantes operen en base a sus emociones, lo que puede llevar a tomar decisiones impulsivas.
- No proteger su seguridad: la seguridad es esencial en el mundo de las criptomonedas, y muchos principiantes no se protegen adecuadamente contra el riesgo de piratería o robo. Es importante utilizar billeteras seguras y contraseñas fuertes, y tener precaución al compartir información personal.
- No tener una estrategia clara: muchos principiantes no tienen una estrategia clara para sus inversiones en criptomonedas. Es importante tener un plan de inversión sólido y seguirlo para evitar tomar decisiones impulsivas.

¿Qué es el índice miedo-codicia?

El índice miedo-codicia, también conocido como el "Fear & Greed Index" en inglés, es una herramienta que se utiliza para medir el sentimiento de los inversores en el mercado de criptomonedas. El índice se basa en una variedad de factores, incluyendo la volatilidad del mercado, el volumen de operaciones, la amplitud de mercado y las tendencias de las redes sociales.

El índice miedo-codicia se presenta en una escala de 0 a 100, donde 0 indica un sentimiento extremadamente negativo (miedo) y 100 indica un sentimiento extremadamente positivo (codicia). Un valor alto en el índice indica que los inversores tienen un sentimiento positivo y están dispuestos a tomar mayores riesgos en el mercado, mientras que un valor bajo indica que los inversores tienen un sentimiento negativo y están más inclinados a evitar el riesgo.

Plataformas para estar bien informado

CoinMarketCap, TradingView, Etherscan e Investing son algunas de las herramientas más populares para los inversores y traders en el ámbito de las criptomonedas y las finanzas en general. A continuación, te proporcionaré una breve descripción de cada una de estas herramientas:

- CoinMarketCap: es una plataforma que proporciona información en tiempo real sobre el precio, la capitalización de mercado, el volumen de operaciones y otros datos relevantes de miles de criptomonedas y tokens. CoinMarketCap es una herramienta esencial para los inversores que desean realizar un seguimiento de sus inversiones en criptomonedas y obtener información valiosa sobre el mercado.

- TradingView: es una plataforma en línea que ofrece herramientas y gráficos avanzados para el análisis técnico de los mercados. Los usuarios pueden personalizar los gráficos y las herramientas para crear sus propias estrategias de trading y analizar el rendimiento de diferentes activos. TradingView es una herramienta útil para los traders que desean analizar los datos del mercado y tomar decisiones de trading informadas.

- Etherscan: es un explorador de bloques para la cadena de bloques Ethereum. Proporciona información en tiempo real sobre las transacciones en la red Ethereum, incluyendo el precio del gas, el estado de las transacciones y los contratos inteligentes. Etherscan es una herramienta esencial para los desarrolladores de aplicaciones descentralizadas y los usuarios que desean seguir el progreso de sus transacciones en la cadena de bloques de Ethereum.

- Investing.com: es una plataforma que proporciona información en tiempo real sobre una amplia gama de activos financieros, incluyendo criptomonedas, acciones, divisas, materias primas y bonos. La plataforma ofrece herramientas de análisis técnico, noticias y opiniones de expertos para ayudar a los inversores y traders a tomar decisiones informadas sobre sus inversiones. Investing.com es una herramienta útil para cualquier inversor que desee estar al tanto de las tendencias del mercado y de los eventos importantes que puedan afectar a sus inversiones.

Youtubers referentes en el mundo cripto

Andreas Antonopoulos, Vitalik Buterin, Max Keiser, Charlie Lee, Jameson Lopp, David Marcus, Anthony Pompliano y Nick Szabo son personalidades destacadas en el mundo de las criptomonedas y la tecnología blockchain. A continuación, te proporcionaré una breve descripción de cada uno de ellos:

- Andreas Antonopoulos: es un escritor, orador y educador de Bitcoin. Es conocido por su capacidad para explicar conceptos complejos de tecnología blockchain de una manera accesible y comprensible. Ha escrito varios libros sobre Bitcoin y blockchain y ha sido un defensor acérrimo de la privacidad financiera y la independencia económica.
- Vitalik Buterin: es el creador de la criptomoneda Ethereum y una figura destacada en el mundo de las criptomonedas y la tecnología blockchain. Es conocido por su capacidad para diseñar sistemas complejos y su visión para una economía descentralizada. Buterin ha recibido numerosos premios y reconocimientos por su trabajo en Ethereum y la tecnología blockchain.
- Max Keiser: es un periodista financiero y un defensor de Bitcoin y otras criptomonedas. Es conocido por su programa de televisión "The Keiser Report", en el que analiza los eventos del mundo financiero y económico desde una perspectiva crítica. Keiser es un defensor del uso de criptomonedas para proteger la libertad financiera de las personas.
- Charlie Lee: es el creador de Litecoin, una de las criptomonedas más populares del mundo. Antes de crear Litecoin, Lee trabajó en Google y Coinbase. Es conocido por ser una figura respetada e influyente en el mundo de las criptomonedas.
- Jameson Lopp: es un desarrollador de software y experto en seguridad de Bitcoin y otras criptomonedas. Es conocido por su trabajo en la seguridad de la cadena de bloques de Bitcoin

y ha sido un defensor de la privacidad y la seguridad financiera de las personas.

- David Marcus: es el director de Calibra, una empresa de Facebook que está trabajando en el desarrollo de una criptomoneda llamada Libra. Antes de unirse a Facebook, Marcus fue presidente de PayPal y ha sido una figura destacada en el mundo de los pagos y las finanzas digitales.
- Anthony Pompliano: es un inversor, empresario y educador en el mundo de las criptomonedas. Es conocido por su programa de podcast y por su trabajo como fundador y socio de Morgan Creek Digital, una empresa que invierte en criptomonedas y activos digitales.
- Nick Szabo: es un experto en criptografía y ha sido un defensor de la tecnología blockchain desde los primeros días de Bitcoin. Es conocido por ser el creador del concepto de "contratos inteligentes", una característica fundamental de la tecnología blockchain que permite la creación de aplicaciones descentralizadas.

Estafas en el mundo cripto

Los SCAM, o estafas, son un riesgo común en el mundo de las criptomonedas debido a la naturaleza descentralizada y sin regulación del mercado. Algunos de los principales SCAM en criptomonedas incluyen:

- Esquemas Ponzi: en los que los inversores más tempranos son pagados con el dinero de los inversores posteriores, en lugar de con ganancias reales.
- Ofertas iniciales de monedas (ICO) fraudulentas: en las que se promete una gran rentabilidad a los inversores a cambio de una inversión inicial, pero la criptomoneda nunca se lanza o no tiene valor real.
- Esquemas de minería en la nube: en los que se promete a los inversores un retorno de la inversión a través de la minería de criptomonedas en la nube, pero el esquema resulta ser una estafa.
- Esquemas de "doble gasto": en los que los estafadores engañan a los usuarios para que envíen su criptomoneda a una dirección falsa y luego utilizan la misma criptomoneda para hacer una transacción legítima.
- Phishing: en los que los estafadores engañan a los usuarios para que revele sus claves privadas y datos personales mediante la creación de sitios web y correos electrónicos falsos que parecen legítimos.

Es esquema Ponzi un gran enemigo para los novatos.

Un esquema Ponzi es una estafa que implica el uso del dinero de nuevos inversores para pagar a los inversores anteriores, en lugar de utilizarlo para generar ganancias legítimas. En este esquema, el estafador atrae a inversores prometiendo altos retornos de inversión y garantizando que el dinero invertido será utilizado en un proyecto o inversión lucrativa.

Los inversores iniciales generalmente obtienen grandes ganancias, lo que ayuda a atraer a más inversores. El estafador utiliza parte del dinero de los inversores para pagar los altos retornos prometidos a los primeros inversores, lo que hace que estos inversores estén contentos y recomienden el esquema a sus amigos y familiares.

A medida que más y más inversores se unen al esquema, el estafador necesita atraer a más inversores para pagar los altos retornos prometidos a los inversores anteriores. Sin embargo, no se genera ninguna ganancia real con la inversión, lo que hace que eventualmente el esquema colapse y los inversores pierdan su dinero.

El desastre TERRA-LUNA

La desintegración del proyecto blockchain Terra, basado en Cosmos y que buscaba facilitar la generación de stablecoins ancladas a las principales monedas fiat en todo el mundo, tuvo un impacto negativo en todo el ecosistema de las criptomonedas. El despliegue de 1.5 mil millones de dólares en Bitcoin y UST por parte de Luna Foundation Guard de Terra para controlar la estabilidad de UST el 9 de mayo de 2022 fue el comienzo de la debacle. Luna (LUNA) estaba entre las 10 criptomonedas más valiosas del mercado antes de su caída, y en solo dos días, su valor disminuyó en más del 99%. El protocolo de Terra se rige por el uso de dos tokens principales, UST y LUNA, y los participantes de la red pueden acuñar UST quemando LUNA. Lo que diferencia a UST de las stablecoin más conocidas es que todas esas acciones para acuñar LUNA y UST son incentivadas por el módulo de mercado algorítmico de la plataforma, en cambio sus mayores rivales están respaldados por activos fiduciarios directamente, es decir, por dólares. El derrumbe de Terra se debió al desacoplamiento de UST con el dólar, lo que llevó a la desintegración del protocolo y a la malignidad de la reputación de la industria de las criptomonedas a los ojos de los inversores de todo el mundo. Do Kwon, el cofundador del protocolo, publicó en Twitter una serie de anuncios en los que daba a conocer medidas correctivas para contener la situación, como reforzar la quema de UST, pero al final, sus planes no funcionaron.

El caso BV1.com

Los años 2018 y 2019 fueron años de muchas estafas en el mundo cripto, después del gran desastre de Cryptominningfarm llegaron otros como DDFutures, Motormoney, Profitable Morrows y unas cuantas más fue el caldo de cultivo perfecto para que apareciera "un salvador", así se presentó BV1 (Buena Vida), un personaje que dijo ser italiano se presentaba así mismo como una de las personas que habían sido estafadas en los scam anteriores y prometió que él haría que todo el mundo recuperara su dinero dado que el disponía de un método infalible ofreciendo altos rendimientos.

Durante los primeros meses estuvo pagando lo prometido y cada vez conseguí más inversores sobre todo en América latina donde mucha gente había perdido el poco dinero que tenía principalmente en Cryptominningfarm, mensajes en las redes como "Gracias Diosito por haber traído a BV1" se podían leer a diario, sin embargo un día todo empezó a cambiar.

BV1.com presentaba como una plataforma de intercambio de criptomonedas y que se promocionaba como una alternativa más rápida y económica a otras plataformas de intercambio existentes. Sin embargo, resultó ser una estafa que dejó a muchos inversores sin sus fondos.

La estafa de BV1.com consistía en atraer a inversores para que depositaran sus criptomonedas en la plataforma, prometiendo una alta rentabilidad en un corto período de tiempo. Una vez que los inversores depositaban sus criptomonedas en la plataforma, los estafadores las transferían a otras cuentas, dejando a los inversores sin acceso a sus fondos. Los inversores que intentaron retirar sus criptomonedas encontraron que sus solicitudes eran rechazadas o simplemente ignoradas.

Además, BV1.com utilizaba tácticas engañosas, como falsos testimonios de usuarios satisfechos, para hacer que la plataforma pareciera más legítima de lo que realmente era.

En resumen, la estafa de BV1.com fue un caso de fraude en el que los estafadores engañaron a los inversores para que depositaran sus criptomonedas en una plataforma falsa, prometiendo ganancias altas y rápidas. Una vez que los estafadores recibían las criptomonedas, las transferían a otras cuentas y dejaban a los inversores sin acceso a sus fondos.

FTX – Un desastre mundial

La reciente quiebra de la plataforma de criptoactivos FTX ha generado preocupación en todo el mundo, ya que amenaza con dejar a miles de acreedores repartidos por todo el mundo en una situación incierta. Según la presentación de FTX ante un tribunal de bancarrotas en EE. UU., la compañía habría fichado a Alvarez & Marsal para liderar el proceso de reestructuración y habría nombrado a cinco nuevos directores independientes para cada una de sus principales filiales.

La situación a la que ha llegado FTX se debe a graves problemas de liquidez, tras la concurrencia de reembolsos de hasta 6.000 millones de dólares en menos de 72 horas. Esta situación llevó a la compañía a solicitar la quiebra en EE. UU. tanto de FTX, como de Alameda Research y otras 130 filiales del grupo al acogerse al capítulo 11 de la ley concursal de Estados Unidos para tratar de sacar el máximo rendimiento posible a los activos de que dispone.

Horas antes de la quiebra, se habían anunciado conversaciones para una posible adquisición de FTX por parte de Binance, pero la operación fue cancelada tras un estudio inicial que desveló los problemas que atravesaba la plataforma. La documentación enviada al tribunal muestra que "surgieron preguntas sobre el liderazgo del Sr. Bankman-Fried y el control de la compleja gama de activos y negocios de FTX bajo su dirección".

Además, se ha informado que FTX respondió a un ataque cibernético el 11 de noviembre de 2022, después de decir que había visto "transacciones no autorizadas" en su plataforma. Este ataque cibernético podría haber sido un factor que contribuyó a la falta de liquidez de la plataforma.

El colapso de FTX, que a principios de 2022 alcanzó una valoración de 32.000 millones de dólares, ha generado un gran número de investigaciones por parte de los reguladores financieros internacionales y otros organismos de supervisión de todo el mundo. La Comisión de Valores de las Bahamas ha anunciado que dos socios de PwC habían sido aprobados por la Corte Suprema como liquidadores provisionales conjuntos para FTX.

El hecho de que una plataforma de criptoactivos tan importante como FTX haya quebrado es una señal preocupante para el mundo de las criptomonedas y pone de manifiesto la necesidad de que haya una mayor regulación y supervisión en este sector. Además, la quiebra de FTX pone en riesgo el dinero de miles de acreedores en todo el mundo, lo que pone de manifiesto la necesidad de ser cautelosos al invertir en el mundo de las criptomonedas.

El gran peligro de los YouTubers sin escrúpulos

Seguir a YouTubers que promocionan estafas a cambio de referidos puede ser muy peligroso y costoso. Estas personas a menudo utilizan tácticas de marketing engañosas para convencer a su audiencia de que inviertan en un esquema piramidal o un negocio de marketing multinivel que promete grandes beneficios con poco esfuerzo.

Estas estafas a menudo requieren que los participantes recluten a otros miembros en el esquema, lo que significa que se convierten en cómplices involuntarios de la estafa y se benefician solo si otros miembros pierden dinero. En última instancia, estos esquemas colapsan y la gran mayoría de los participantes pierden su dinero.

Además del riesgo financiero, seguir a YouTubers que promocionan estafas puede tener otros riesgos. Por ejemplo, algunos de estos YouTubers pueden estar involucrados en actividades ilegales y pueden exponer a sus seguidores a problemas legales o a problemas de privacidad y seguridad en línea.

Por lo tanto, es importante ser crítico con la información que se encuentra en línea y no confiar en cualquier persona que prometa grandes beneficios con poco esfuerzo. Siempre se deben investigar cuidadosamente los productos o servicios antes de invertir dinero en ellos, y se deben buscar fuentes de información independientes y confiables para hacerlo.

Hay que reseñar que no todos los YouTubers que estuvieron promocionando plataformas eran estafadores, algunos creían realmente que estaban ayudando a la gente, se esforzaban en buscar oportunidades para que los estafados pudieran recuperarse y los que se iniciaban ganaran con sus inversiones, desgraciadamente en los años 2018-2019 fueron tantas las estafas que estos últimos YouTubers también cayeron en ellas y quedaron como estafadores ante la opinión pública.

Las criptomonedas en el lado oscuro

La Deep Web, también conocida como la Web Oscura, es un área de internet que no es accesible a través de los navegadores convencionales y que requiere software específico para acceder a ella. Debido a la naturaleza anónima de la Deep Web, se ha convertido en un lugar popular para llevar a cabo actividades ilegales, y las criptomonedas, en particular Bitcoin, han sido utilizadas como una forma de pago común para estas actividades.

Algunas de las principales actividades ilícitas que se realizan en la Deep Web con Bitcoin incluyen:

- Mercados de drogas: La Deep Web alberga una serie de mercados ilegales de drogas en línea, en los que se pueden comprar y vender una amplia variedad de sustancias ilegales utilizando Bitcoin. Estos mercados operan en la clandestinidad y son extremadamente difíciles de rastrear.
- Compra y venta de armas: Al igual que con los mercados de drogas, también hay mercados de armas en línea en la Deep Web, donde se pueden comprar y vender armas ilegales utilizando Bitcoin. Estos mercados son especialmente peligrosos ya que pueden proporcionar acceso a armas a personas que de otra manera no podrían obtenerlas.
- Tráfico de personas: La Deep Web también es utilizada por traficantes de personas para publicar anuncios de venta y compra de personas. Estos traficantes utilizan Bitcoin como forma de pago debido a su anonimato y facilidad de uso.
- Compra y venta de información robada: Los delincuentes cibernéticos utilizan la Deep Web para vender información robada, como números de tarjetas de crédito, contraseñas y detalles de cuentas bancarias. Estos datos se venden a cambio de Bitcoin, lo que dificulta el rastreo del dinero robado.

- Servicios de hacking: La Deep Web también alberga una serie de foros y mercados donde se ofrecen servicios de hacking ilegal. Los hackers aceptan Bitcoin como forma de pago, lo que les permite mantener el anonimato y dificulta la identificación de los delincuentes.
- Extorsión y chantaje: La Deep Web también se utiliza para llevar a cabo actividades de extorsión y chantaje en línea. Los delincuentes cibernéticos utilizan Bitcoin como forma de pago para proteger su anonimato y garantizar que las víctimas paguen.

El futuro de las criptomonedas

El futuro de las criptomonedas es un tema complejo que involucra una variedad de factores, desde la tecnología subyacente hasta los marcos regulatorios y las actitudes del público en general. En general, se espera que las criptomonedas continúen siendo una parte importante del panorama financiero global, pero con cambios significativos en la forma en que se usan y se regulan.

Una de las tendencias más importantes en el futuro de las criptomonedas es la creciente adopción de la tecnología blockchain en todo tipo de industrias, desde la banca y las finanzas hasta la logística y el comercio minorista. La capacidad de las criptomonedas para facilitar transacciones seguras y sin intermediarios es un atractivo importante para las empresas que buscan reducir costos y aumentar la eficiencia. En este sentido, es posible que las criptomonedas se conviertan en un medio de intercambio más común en el futuro.

Otra tendencia importante es la creciente regulación de las criptomonedas en todo el mundo. A medida que las criptomonedas se vuelven más populares y se utilizan en una variedad de contextos, los reguladores han comenzado a tomar medidas para proteger a los consumidores y prevenir el lavado de dinero y otros delitos financieros. Esto puede incluir la implementación de licencias para los intercambios de criptomonedas, la supervisión de las transacciones de criptomonedas y la implementación de impuestos sobre las ganancias de criptomonedas. En algunos casos, también se están considerando prohibiciones completas de las criptomonedas en ciertos países.

A medida que las criptomonedas se vuelven más comunes, es probable que se desarrollen nuevas formas de moneda digital. Por ejemplo, algunas empresas han comenzado a crear "stablecoins", que están respaldadas por activos reales y son menos volátiles que las criptomonedas tradicionales.

El Banco Central Europeo afirma que las criptomonedas no son dinero

Según el Banco Central Europeo (BCE), Bitcoin, Ethereum, Tether y otras criptomonedas no son dinero porque no cumplen con las tres funciones básicas del dinero: servir como medio de cambio fiable, depósito de valor y unidad de cuenta.

La primera función del dinero es actuar como medio de cambio fiable, lo que significa que debe ser aceptado por los comerciantes y usuarios para comprar bienes y servicios. Aunque algunas empresas aceptan criptomonedas como forma de pago, todavía son relativamente pocas en comparación con las que aceptan monedas tradicionales. Además, las transacciones con criptomonedas suelen ser más lentas y costosas que las transacciones con monedas convencionales.

La segunda función del dinero es actuar como depósito de valor, lo que significa que debe ser una forma confiable de almacenar riqueza a largo plazo. Sin embargo, la volatilidad de las criptomonedas hace que sea difícil confiar en ellas como depósito de valor. Los precios pueden fluctuar enormemente en un corto período de tiempo, lo que significa que las personas que mantienen criptomonedas corren el riesgo de perder una gran parte de su inversión.

La tercera función del dinero es actuar como unidad de cuenta, lo que significa que debe ser una medida comúnmente aceptada de valor. Sin embargo, dado que las criptomonedas no son ampliamente aceptadas como forma de pago, es difícil utilizarlas como unidad de cuenta.

Otro problema importante con las criptomonedas es que no están respaldadas ni gestionadas por ninguna entidad central. En otras palabras, no tienen garantía de que podrán canjearlas por dinero cuando lo necesiten. Esto significa que el valor de una criptomoneda puede caer repentinamente si el mercado se desploma o si se produce un problema técnico.

Las stablecoins se presentan como una alternativa más estable a las criptomonedas, ya que su valor está vinculado a una moneda convencional o a un activo subyacente. Sin embargo, el BCE advierte que incluso las stablecoins no son tan estables como parecen, ya que su valor se basa únicamente en una promesa realizada por una empresa privada. Además, las transacciones con stablecoins también pueden ser lentas y costosas, lo que dificulta su uso como medio de pago diario.

En resumen, según el BCE, Bitcoin, Ethereum, Tether y otras criptomonedas no son dinero porque no cumplen las funciones básicas del dinero. Aunque algunas personas pueden encontrarlas atractivas como inversión especulativa, es importante comprender que su valor es altamente volátil y que no están respaldadas ni gestionadas por ninguna entidad central. En última instancia, cualquier persona que esté considerando invertir en criptomonedas debe hacerlo con precaución y entender completamente los riesgos involucrados.

El Tesoro de EE.UU.: Las stablecoins amenazan la estabilidad financiera

El reciente informe publicado por el Consejo de Supervisión de la Estabilidad Financiera (FSOC) del Departamento del Tesoro de EE.UU. ha puesto de relieve la creciente preocupación que existe en torno a las stablecoins y su impacto en la estabilidad financiera del país. El informe señala que las stablecoins, aunque son consideradas una clase de activos de criptomonedas, son muy diferentes de otros activos digitales, ya que tienen vínculos más estrechos con el sistema financiero tradicional. Los analistas del FSOC consideran que las stablecoins son altamente especulativas y que su uso generalizado podría tener consecuencias desestabilizadoras para el sistema financiero estadounidense.

La principal preocupación del informe se centra en el mecanismo de creación de valor de las stablecoins, que es muy susceptible a la especulación del mercado. A diferencia de otras criptomonedas, las stablecoins están diseñadas para ser menos volátiles y están respaldadas por activos tradicionales, como monedas fiduciarias o materias primas. Sin embargo, el valor de las stablecoins no está garantizado por ninguna entidad central, lo que significa que su valor puede fluctuar significativamente en función de las condiciones del mercado.

El informe también señala que el uso generalizado de las stablecoins podría tener consecuencias desestabilizadoras para el sistema financiero estadounidense, ya que los emisores de las stablecoins no están sujetos a las mismas regulaciones que las instituciones financieras tradicionales. Además, el informe afirma que el uso de las stablecoins podría facilitar el lavado de dinero y la financiación del terrorismo, ya que los emisores de las stablecoins no están obligados a realizar los mismos controles de cumplimiento que las instituciones financieras tradicionales.

Ante estos riesgos, los analistas del FSOC han propuesto una mayor supervisión gubernamental del mercado de criptomonedas, incluyendo la emisión de stablecoins. En particular, el informe sugiere que se deben imponer requisitos de capital y liquidez a los emisores de stablecoins para garantizar su estabilidad financiera. Además, el informe propone que se establezcan requisitos de divulgación y transparencia para los emisores de stablecoins, para que los inversores puedan tomar decisiones informadas sobre su inversión.

Como alternativa a las criptomonedas, el informe del FSOC ha propuesto la emisión de una moneda digital del banco central (CBDC), que estaría respaldada por el gobierno y estaría sujeta a las mismas regulaciones que las instituciones financieras tradicionales. La CBDC permitiría a los consumidores realizar transacciones electrónicas sin la necesidad de una cuenta bancaria y podría proporcionar una alternativa más segura y estable a las criptomonedas.

Sin embargo, algunos analistas independientes han cuestionado la viabilidad de la CBDC, argumentando que podría ser demasiado costosa de implementar y podría tener un impacto negativo en la privacidad de los consumidores. Además, algunos han sugerido que las stablecoins privadas respaldadas por dinero fiduciario podrían ser una alternativa más práctica a la CBDC, ya que ofrecen un mayor nivel de estabilidad y están respaldadas por una entidad central.

Glosario básico

- Altcoin: Cualquier criptomoneda que no sea Bitcoin. Hay miles de altcoins en existencia.
- Arbitraje: la práctica de aprovechar las diferencias de precios entre los exchanges para obtener ganancias.
- Bitcoin: La primera criptomoneda descentralizada, creada en 2009 por una persona o grupo de personas bajo el seudónimo de Satoshi Nakamoto.
- Blockchain: Una tecnología de registro distribuido que permite la creación de bases de datos inmutables y transparentes.
- Buy Limit: Es una orden pendiente para comprar un activo financiero a un precio inferior al precio actual de mercado
- Buy Stop: Es una orden pendiente para comprar un activo financiero a un precio superior al precio actual de mercado.
- Cartera (Wallet): un lugar seguro para almacenar criptomonedas. Las carteras pueden ser frías (fuera de línea) o calientes (en línea).
- Cartera caliente: una cartera que está conectada a Internet y, por lo tanto, es menos segura que una cartera fría.
- Cartera fría: una cartera que no está conectada a Internet y, por lo tanto, es más segura que una cartera caliente.
- Comisión: la tarifa que cobra el exchange por realizar una transacción
- Compra apalancada: la capacidad de comprar más criptomonedas de lo que se puede pagar mediante el uso de capital prestado.
- Criptomoneda: Una moneda digital descentralizada que utiliza criptografía para asegurar y verificar transacciones, y para controlar la creación de nuevas unidades.
- DEX (Decentralized Exchange): un exchange descentralizado que funciona en una cadena de bloques y no tiene una autoridad central.

- Equidad: Es el valor total de una cuenta de trading, incluyendo las posiciones abiertas y las ganancias o pérdidas no realizadas.
- Exchange: un sitio web o plataforma que permite a los usuarios comprar, vender y negociar criptomonedas.
- Fork: Una separación en la cadena de bloques que ocurre cuando una porción de la red adopta una versión diferente del protocolo.
- FUD (Fear, Uncertainty and Doubt): Tácticas utilizadas por algunos para difundir información falsa o engañosa sobre criptomonedas con el objetivo de influir en el precio.
- Hash: Una función criptográfica que convierte datos en una serie de caracteres alfanuméricos únicos
- HODL: Un término que se originó a partir de un error ortográfico de la palabra "hold". HODL significa mantener una criptomoneda a largo plazo, en lugar de venderla en momentos de volatilidad de los precios.
- ICO (Initial Coin Offering): Forma de financiamiento para proyectos de blockchain en la que se compran una nueva criptomoneda en su fase inicial.
- Liquidez: la capacidad de una criptomoneda para ser comprada o vendida en grandes cantidades sin afectar significativamente su precio.
- Liquidity provider: un proveedor de liquidez que facilita la compra y venta de criptomonedas en el mercado.
- Maker: un usuario que crea una oferta en el mercado para comprar o vender criptoonedas.
- Margen libre: Es el capital disponible para abrir nuevas posiciones en una cuenta de trading. El margen libre se calcula restando el margen utilizado del capital total en la cuenta.
- Minería: el proceso de validar transacciones y agregar nuevos bloques a una cadena de bloques. Los mineros son recompensados con nuevas criptomonedas por sus esfuerzos.

- Minero: Un individuo o empresa que utiliza su poder de procesamiento informático para validar transacciones en la red blockchain y recibir recompensas en forma de nuevas criptomonedas.
- Moneda base: la criptomoneda con la que se cotizan otras criptomonedas. Por ejemplo, Bitcoin puede ser la moneda base para una criptomoneda alternativa.
- Moneda fiduciaria: dinero legal emitido por el gobierno, como dólares estadounidenses, euros o yenes.
- Nivel de margen: Es el porcentaje de margen utilizado en una cuenta de trading. Cuando el nivel de margen alcanza un cierto nivel, se puede producir una llamada de margen.
- Orden de compra: una orden que indica la intención de comprar una criptomoneda a un precio determinado.
- Orden de Stop-Limit: una orden de venta limitada que se activa cuando el precio alcanza un nivel determinado y luego se vende al precio límite establecido.
- Orden de venta: una orden que indica la intención de vender una criptomoneda a un precio determinado.
- Órdenes de límite: una orden para comprar o vender una criptomoneda a un precio específico o mejor.
- Órdenes de mercado: una orden para comprar o vender una criptomoneda al precio actual del mercado.
- Par de negociación: la combinación de dos criptomonedas que se utilizan en una transacción de intercambio.
- Posiciones: Son las operaciones abiertas en una cuenta de trading. El número y la calidad de las posiciones abiertas pueden afectar el rendimiento de una cuenta de trading.
- Precio de entrada: Es el precio al que un trader compra o vende un activo financiero. Es importante elegir un buen precio de entrada para maximizar las ganancias o minimizar las pérdidas.

- Sell Limit: Es una orden pendiente para vender un activo financiero a un precio superior al precio actual de mercado. El sell limit se utiliza para salir de una posición cuando el precio de un activo financiero alcanza un nivel de resistencia.
- Sell Stop: Es una orden pendiente para vender un activo financiero a un precio inferior al precio actual de mercado. El sell stop se utiliza para salir de una posición cuando el precio de un activo financiero cae por debajo de un nivel de soporte.
- Smart contract o contrato inteligente: Un programa informático que ejecuta automáticamente los términos de un contrato cuando se cumplen ciertas condiciones.
- Spread: la diferencia entre el precio de compra y el precio de venta de una criptomoneda.
- Stablecoin: una criptomoneda que está vinculada al valor de una moneda fiduciaria, como el dólar estadounidense.
- Stop Loss: Es un nivel de precio establecido por el trader para cerrar automáticamente una posición en pérdidas. El stop loss ayuda a limitar las pérdidas y a evitar grandes caídas en el valor de la inversión.
- Stop-loss: una orden que se coloca para vender una criptomoneda automáticamente si su precio cae por debajo de un nivel determinado.
- Take Profit: Es un nivel de precio establecido por el trader para cerrar automáticamente una posición en ganancias. El take profit ayuda a evitar la codicia y a tomar ganancias cuando se alcanza un nivel de precio preestablecido.
- Taker: un usuario que toma una oferta existente en el mercado para comprar o vender criptomonedas.
- Token: una unidad de valor emitida por una organización, en este caso, una organización relacionada con blockchain.
- Tokenization: el proceso de convertir activos en tokens digitales en una cadena de bloques.
- Venta corta: la venta de una criptomoneda que no se posee con la intención de recomprarla a un precio más bajo en el futuro.

- Verificación KYC: "Know Your Customer", es un proceso para verificar la identidad de los usuarios en el que se solicitan documentos de identidad, información personal, entre otros.
- Wallet address: la dirección única en una cadena de bloques donde se envían o reciben criptomonedas.

Enlaces de interés en el mundo cripto

- CoinMarketCap: Un sitio web que proporciona información en tiempo real sobre precios, capitalización de mercado y volumen de operaciones de varias criptomonedas.
- CryptoCompare: Un sitio web que ofrece información sobre precios, gráficos y análisis de mercado de criptomonedas.
- CoinDesk: Un sitio web que proporciona noticias, análisis y opiniones sobre el mercado de criptomonedas.
- Cointelegraph: Un sitio web de noticias de criptomonedas que cubre temas como tecnología blockchain, ICOs, regulación y adopción de criptomonedas.
- Blockchain.info: Un explorador de bloques de Bitcoin que proporciona información sobre transacciones, direcciones y bloques en la cadena de bloques de Bitcoin.
- Reddit - Cryptocurrency: Una comunidad en línea en Reddit dedicada a discutir noticias y desarrollos en el mundo de las criptomonedas.
- Twitter - Crypto: Una lista de cuentas de Twitter relacionadas con criptomonedas, que incluye a expertos, periodistas y empresas de criptomonedas.
- Medium - Crypto: Una plataforma de blogs donde muchos expertos en criptomonedas y blockchain publican contenido educativ	o y análisis.

Diez citas importantes sobre Bitcoin.

- "Es el oro de los frikis", Stephen Colbert, comediante.
- "El bitcoin hará con los bancos lo que el correo electrónico hizo con la industria postal", Rick Falkvinge, fundador del partido pirata sueco.
- "El bitcoin es un tour de force tecnológico", Bill Gates, cofundador de Microsoft, inversor y filántropo.
- "Toda persona informada necesita conocer el bitcoin ya que podría ser uno de los desarrollos más importantes del mundo", Leon Luow, nominado al Premio Nobel de la Paz.
- "El bitcoin es el invento más importante en la historia del mundo desde Internet", Roger Ver, inversor ángel y defensor del bitcoin.
- "El bitcoin, y las ideas que hay detrás de él, cambiarán las ideas tradicionales sobre el dinero. En última instancia, el sistema financiero se beneficiará de él", Edmund Moy, 38º director de la fábrica de la moneda de Estados Unidos.
- "Mantente alejado de él. Es un espejismo, básicamente. Podría decir casi con certeza que le espera un final trágico", Warren Buffett, director ejecutivo de Berkshire Hathaway.
- "Sigo pensando en el Bitcoin. Hasta que no llegue a un conclusión, ni lo apoyo ni lo rechazo. La gente también se mostró escéptica cuando el papel moneda reemplazó al oro", Lloyd Blankfein, director ejecutivo de Goldman Sachs.
- "Es un acontecimiento muy emocionante, podría conducir a una moneda mundial. Creo que durante la próxima década se convertirá en una de las formas más importantes para pagar las cosas y transferir activos", Kim Dotcom, director ejecutivo de MegaUpload.
- "Es dinero 2.0, un gran negocio", Chamath Palihapitiya, anterior jefe del servicio de mensajería instantánea AOL.

Fuente:

https://es.ihodl.com/lifestyle/2018-09-24/23-citas-de-personajes-importantes-sobre-el-bitcoin-y-el-blockchain/

Acerca del autor.

Tomás Moscardó apasionado de la tecnología y un firme defensor de la innovación y el progreso.

Desde que se adentró en el mundo de las criptomonedas en 2017, ha dedicado gran parte de su tiempo y energía a seguir de cerca el desarrollo de la tecnología blockchain y las criptomonedas.

Este libro nació de su preocupación por el desconocimiento generalizado sobre estas tecnologías. Se propuso crear una obra que fuera accesible para cualquier persona interesada en aprender sobre las criptomonedas y a su vez proporcionar una base de conocimientos este fascinante mundo.

Por esta razón, ha dedicado gran parte de su tiempo a educar a otros sobre el tema, y a asegurarse de que las personas comprendan los riesgos y las oportunidades que se presentan en el mundo de las criptomonedas.

Su esperanza es que este libro sea un punto de partida para aquellos que buscan comprender mejor el mundo de las criptomonedas.

www.ingramcontent.com/pod-product-compliance
Lightning Source LLC
Chambersburg PA
CBHW072214290526
45794CB00004B/1750